Zwanzig Autoren erzählen in diesem Buch von Menschen, denen an Weihnachten nicht nur Gänsebraten und teure Geschenke wichtig sind. Manche sind auf der Suche nach Glück. Der kleine Martin hat kein Glück, bis ihm jemand eine ganz besondere Blume bringt. Jeremias wünscht sich verzweifelt einen Glücksbringer und bekommt schließlich das, was er wirklich gesucht hat. Sybille erlebt, dass man Hoffnung auf Glück plötzlich auf dem Beifahrersitz finden kann. Für andere ist eine unerwartete Lektion das größte Geschenk. Herr Fink kommt auf dem Weihnachtsmarkt so schnell nicht an seine Bratwurst, dafür lernt er etwas Entscheidendes. Paul erhält eine gute Erklärung dafür, warum es offenbar zwei Nikoläuse gibt, und Kathi ist erleichtert, dass nicht nur sie, sondern sogar das Christkind Fehler macht. Juli lernt, dass etwas ganz Einfaches schwer zu bekommen sein kann; und ein Indianer weiß, wo man am besten Weihnachten feiert, wenn man einen lieben Menschen verloren hat. Einige sind an den Feiertagen unterwegs – und trotzdem begegnet ihnen Weihnachten. Eine Studentin findet auf einer Trekkingtour durch die Wüste ihren Traumprinzen dort, wo vor sehr langer Zeit Maria und Josef unterwegs waren. Woanders bewirkt unter Palmen eine Flaschenpost ein Wunder und der Weihnachtsmann ist zuverlässiger als ein Hubschrauber. Eine Zirkusartistin, die viele Jahre nicht zu Hause war, macht sich ängstlich auf den Weg dorthin und erlebt eine Überraschung. Wieder andere sehnen sich nach Freundschaft. Aus einer schweigenden Freundschaft wird kurz vor Weihnachten eine, in der man über alles reden kann. Mona bekommt eine Freundin, als sie etwas zurückgibt, was ihr nicht gehört. Ein Kind schenkt dem alten Michael seine Freundschaft und bekommt dafür eine Zukunft. Auch Herr Jakob hat ganz besondere Freunde, und zusammen mit Lilly darf der Leser das zauberhafte Wunder schauen, das sie möglich machen.

Weihnachtsgeschichten
Band 2

Herausgegeben von
Ronald Henss

Dr. Ronald Henss Verlag

Originalausgabe
September 2007

Dr. Ronald Henss Verlag
Sudstraße 2
66125 Saarbrücken
www.ronald-henss-verlag.de
verlag@ronald-henss-verlag.de

Umschlaggestaltung: Ronald Henss unter Verwendung eines Fotos
von Essert Illuminationen ©
Essert Illuminationen, Hauptstraße 27, 63928 Eichenbühl
www.essert.de

Druck und Bindung: Druckerei Pirrot
Trierer Straße 7
66125 Saarbrücken

1. Auflage 1200 Exemplare + Print on Demand
Printed in Germany
ISBN 978-3-939937-03-6

Inhalt

Martina Bethe-Hartwig

Der Glücksbringer

Auch an diesem Morgen konnte Jeremias nicht an dem Laden von Herrn Moritz vorbeigehen, ohne sich die Auslage in dem kleinen Schaufenster anzusehen. Herr Moritz besaß eine Pfandleihe, und die Dinge, die in die Auslage wanderten, gehörten Menschen, die von Herrn Moritz Geld geliehen und sie als Sicherheit zurückgelassen hatten. Neben Schmuck und Uhren fanden auch immer Dinge ihren Weg in das Schaufenster, die Jeremias sonderbar und geheimnisvoll erschienen.

Seit vier Tagen stand wieder so ein merkwürdiger Gegenstand hinter der Schaufensterscheibe. Neben einer großen silbernen Taschenuhr und zwei Schneekugeln blickte eine daumengroße bronzene Figur den Neugierigen an, der vor der Auslage stehen blieb. Es war eine sonderbare kleine Statue, halb Mensch, halb Tier. Auf einem menschlichen Körper thronte der Kopf eines Stieres. Eine derartige Figur hatte Jeremias noch niemals zuvor gesehen.

„Das wäre der richtige Glücksbringer für mich“, dachte er.

Mit seiner behandschuhten Hand rieb er an der Scheibe, dann drückte er seine Nase gegen das kalte Glas. Er seufzte. „Acht Euro“ stand auf dem Preisschild, das neben der Figur lag. Zu viel für ihn. So viel Geld hatte er noch nie besessen. Er bekam zwar einen Euro in der Woche, aber den gab er immer rasch aus. Etwas Süßes, und schon war das Geld weg.

„Acht Euro“, dachte Jeremias. „Acht Euro für ein bisschen Glück.“

Er stellte sich vor, wie sich der bronzene Stiermensch in seiner Hand anfühlen würde: glatt und zuerst sicherlich kalt und dann immer wärmer. Er müsste die Figur nur lange genug halten.

„Ich könnte sie in mein Mäppchen legen“, dachte Jeremias, „dann würde das Glück direkt in meinen Füller übergehen.“

Er seufzte erneut und krauste die Nase.

„Und wenn ich mir den Stiermenschen zu Weihnachten wünsche?“, überlegte er, schüttelte aber gleich darauf den Kopf. „Nein, dann ist es zu spät. Weihnachten ist erst in neun Tagen, aber die Mathearbeit schreiben wir schon in drei. Bis Weihnachten kann ich nicht warten. Wenn ich den Glücksbringer hätte, würde ich die Matheaufgaben sicher schaffen, aber so ...“

Schon zweimal hatte Herr Felber, sein Mathelehrer, ihm die schriftliche Division erklärt. Nun traute sich Jeremias nicht mehr, ihn ein weiteres Mal zu fragen. Zehner, Einer, Addieren, Dividieren, Multiplizieren – Begriffe und Zahlen purzelten nur so durch seinen Kopf. Ihm wurde schon beim Denken daran ganz schwindelig. Jeremias' Oma nannte Mathe noch immer Rechnen. Na ja, sie war schon alt und hatte Mathe so wie er nie in der Schule gehabt.

„Ich könnte Papa fragen. Vielleicht erklärt er mir die Matheaufgaben oder er kauft mir den Glücksbringer. Ach nein.“ Jeremias biss sich auf die Unterlippe. „Papa hat nie Zeit. Und Geld für solchen Krimskrams gibt er nicht aus. Wenn doch Mama da wäre. Mama hätte mir die Aufgaben erklärt. Wenn wenigstens Tom und Merle ...“

„Du bist doch mein großer Junge“, sagte sein Vater neuerdings immer. „Und große Jungen schaffen das schon alleine.“

Alleine! Wie ein aufgeblasener Ballon schien das Wort über Jeremias' Kopf zu schweben. Alleine!

„Auch große Jungen“, murmelte er gegen die Schaufensterscheibe, „brauchen manchmal Hilfe.“

Er löste seine Nase vom Glas und trat einen Schritt zurück. Ein Windstoß packte sein schulterlanges blondes Haar und blies ihm Nässe ins Gesicht.

Plötzlich ging mit einem Glockenton die Tür der Pfandleihe auf. Herr Moritz, eingemummelt in eine Wolljacke und in einen dicken Schal, erschien in der Türöffnung. Als er Jeremias entdeckte, machte er zwei Schritte auf ihn zu. Jeremias sah zu ihm auf. Herrn Moritz' braune Hornbrille saß wie immer schief auf seiner spitzen Nase.

„Guten Morgen, Jeremias", sagte er und rückte seine Brille zurecht. „Wie geht es deiner Mutter? Wird sie bald aus dem Krankenhaus entlassen?"

„Mmm", antwortete Jeremias. „Seit gestern darf sie wieder aufstehen. Weihnachten soll sie nach Hause kommen."

„Weihnachten ... soso." Herr Moritz verzog die Lippen. „Bis dahin sind es noch ein paar Tage. Da hat dein Papa mit Merle und Tom wohl alle Hände voll zu tun. Und das bei der vielen Arbeit, die er sowieso schon hat."

Jeremias senkte seufzend das Kinn.

„Ja, so ist das." Herr Moritz wiegte den Kopf. „Wenn man jung ist und Familie hat, ist nie genügend Zeit. Später, wenn man alt ist, umso mehr. Dann kommt man sich überflüssig vor, weil einen niemand mehr braucht."

Jeremias sah Herrn Moritz mit großen Augen an. „Aber, Herr Moritz, Sie haben doch das Geschäft."

„Das Geschäft? Ja, das Geschäft ist gut, aber viel ist in meinem kleinen Laden nicht los. Manchmal fühle ich mich dort drinnen schon recht einsam."

Jeremias bohrte seine rechte Stiefelspitze in einen matschigen Schneehaufen, hob die Schultern und ließ sie fallen.

„Ich glaube, ich muss jetzt gehen", sagte er. „Die Schule fängt bald an."

„Ja, das musst du wohl", sagte Herr Moritz und blickte Jeremias durch seine Brille direkt in die Augen. „Du solltest schließlich nicht zu spät kommen ... schon gar nicht so kurz vor Weihnachten. In der Weihnachtszeit sollte man Ärger vermeiden und die Tage schön gestalten. Ihr habt doch hoffentlich einen Adventskranz in der Schule?"

Jeremias nickte. „Wahrscheinlich wäre die Schule auch ganz schön, wenn nicht ..."

„Wenn nicht ...?", hakte Herr Moritz nach.

Jeremias schwieg.

„Was ist denn?" Herr Moritz berührte sacht Jeremias' Arm.

Da konnte Jeremias die Tränen nicht mehr zurückhalten. Sie sammelten sich in seinen Augenwinkeln und begannen unaufhaltsam über seine Wangen zu rollen.

Herr Moritz reichte Jeremias ein weißes Stofftaschentuch mit grauen und blauen Streifen am Rand.

„Nun erzähl mal, Jeremias! Wo drückt denn der Schuh?"

Und Jeremias erzählte stockend von der Mathearbeit, die ihm wie ein riesiger Felsbrocken im Magen lag, und von dem Glücksbringer, den er dringend brauchte, aber nicht bezahlen konnte, weil er sein Taschengeld doch für Süßigkeiten ausgegeben hatte.

Als Jeremias mit seiner Erzählung fertig war, schmunzelte Herr Moritz, dann schnalzte er mit der Zunge. „Ach, so ist das!", sagte er. „Weißt du eigentlich, dass ich ein Rechenkünstler bin? Während meiner Schulzeit war ich in Mathe immer der Beste. Deswegen habe ich heute ja auch eine Pfandleihe … Da muss man rechnen können – multiplizieren, dividieren und so. Was würdest du davon halten, wenn du nach der Schule zu mir kämst und wir beide meine Einnahmen ausrechnen? Du könntest auch gleich deine Hausaufgaben machen. Bei den Matheaufgaben kann ich dir helfen. Am frühen Nachmittag ist im Laden nicht viel los. Du wirst also deine Ruhe haben. Ja, und wenn du Lust und Zeit hast, würde ich mich freuen, wenn du mir beim Abstauben und Ausfegen helfen könntest. Du glaubst gar nicht, wie viel Staub sich in so einem Laden ansammelt. Natürlich sollst du nicht umsonst arbeiten. Ich gebe dir – na, sagen wir mal einen Euro pro Tag. Was hältst du davon?"

Jeremias blickte Herrn Moritz mit offenem Mund an, dann nickte er. „Das hört sich prima an. Papa kommt eh nicht vor fünf nach Hause und dann muss er noch Merle und Tom vom Kindergarten abholen. Ich komme, Herr Moritz, danke schön."

„Nichts zu danken", sagte Herr Moritz und strahlte über das ganze Gesicht. „Ich bin doch froh, wenn ich Gesellschaft habe und meine eingerosteten Gehirnzellen mal wieder in Schwung bringen kann. Heute Abend rufe ich deinen Papa an und frage ihn, ob es auch für ihn in Ordnung ist."

„Och … Das ist es ganz bestimmt“, sagte Jeremias. „Dann komme ich kurz nach eins.“

„Gut, sehr gut, dann kannst du gleich mit mir zu Mittag essen. Es gibt Makkaroni mit Tomatensoße. So, nun lauf aber los, sonst verspätest du dich doch noch und kriegst Ärger!“

Jeremias rückte den Schulranzen auf seinem Rücken zurecht und spurtete los. Nach einigen Metern blieb er noch einmal stehen und winkte Herrn Moritz zu. Herr Moritz winkte zurück.

Die Schneeflocken hatten sich in flauschige Wattebällchen verwandelt und zauberten eine weiße Decke, die sich langsam über die Häuser, die Straße und den Gehweg legte. Die Stadt sah auf einmal ganz anders aus. Jeremias kam es vor, als befände er sich mitten im Märchen von der Schneekönigin.

„Er hat Mathe gesagt, nicht Rechnen“, dachte Jeremias, während er sich seinen Weg durch den Schneevorhang bahnte. „Und jeden Tag kann ich einen Euro verdienen, das sind acht Euros in acht Tagen. Von dem Geld kann ich mir den Stiermenschen kaufen, dann habe ich meinen Glücksbringer. Und vielleicht lässt Herr Moritz mit sich reden und gibt mir den Stiermenschen schon früher … für die Mathearbeit. Herr Moritz ist nett, sehr nett sogar.“

Jeremias streckte die Zunge aus und fing ein paar Flocken auf. Dann machte er einen Hüpfer, lief über den Schulhof und betrat beim ersten Klingelzeichen die Aula der Schule, wo sich gerade seine Parallelklasse, die 4b, versammelte, um das morgendliche Weihnachtslied zu singen. Er drängte sich an den Kindern vorbei und eilte den Gang hinunter zu der geöffneten Tür seines Klassenzimmers.

Brigitte Kaufmann

Weihnachten

Es war kurz vor drei Uhr morgens, als wir von Athen kommend in Korinth die Autobahn verließen, um auf der Landstraße in Richtung Argos weiterzufahren.

Das Außenthermometer des Wagens zeigte vier Grad unter Null – es war der 24. Dezember 2005.

Verstohlen betrachtete ich den Mann am Steuer und lächelte. Zum ersten Mal sah ich ihn in warmer Winterkleidung.

Offensichtlich hatte er meinen Blick bemerkt und lächelte zurück. „Schlaf ein bisschen“, sagte er, ließ kurz das Lenkrad los und streichelte mein Gesicht.

Ich schüttelte den Kopf. Die erste griechische Winternacht meines Lebens wollte ich nicht verschlafen. Auf meinem Schoß saß zusammengekauert meine kleine Hündin, die ich im letzten Sommer am südlichsten Ausläufer der Mani auf der Straße aufgelesen hatte.

Die große Raststation, an der untertags so ziemlich jeder Halt macht, der diese weite Strecke zu fahren hat, lag dunkel und verwaist.

Jetzt passierten wir den Kanal – das Wasser glitzerte tief unter uns im Schein der Straßenlampen, und auf der Brücke, auf der sich während der warmen Jahreszeit neugierige Touristen drängen, schlich feuchter Nebel.

Wir waren nicht die einzigen, die zu dieser Stunde unterwegs waren – der Gegenverkehr in Richtung Athen war erstaunlich dicht, doch nur wir nahmen jetzt Kurs auf Argos, Kreisstadt der Provinz Arkadien.

Von weitem sahen wir die Burg, die trotzig von ihrem Hügel aus über das Land schaut, scharfkantig schien sie die Dunkelheit zu durchschneiden, die sie wie ein Passepartout umgab.

Argos hielt noch den Atem an, in wenigen Stunden würden wieder Hektik und Chaos über die Stadt hereinbrechen, würden Menschen- und Autolawinen, Lärm und Abgase die Herrschaft übernehmen. Wir fuhren durchs Zentrum. Die Cafés an der Platía waren geschlossen, Kioske und Blumenläden ebenfalls, nur aus einer der zahlreichen Bars, die während des Tages von Besuchern überquellen, fiel gedämpftes Licht auf den Asphalt.

„Sollen wir anhalten? Möchtest du frühstücken?"

Seine Frage war gut gemeint, aber ich verspürte keinerlei Lust auf eine Non-Stop-Kneipe und ihre Gäste.

Wir ließen Argos ohne Frühstück hinter uns.

Kurz nach der Stadtgrenze hielt er auf dem Parkplatz eines Supermarktes an. Zigarettenpause? Insgeheim hatte ich mich bereits über die lange Nikotinabstinenz gewundert. Hatte er zu rauchen aufgehört? Nein, nein .... Die Temperaturanzeige verharrte nach wie vor bei vier Grad minus, und als wir aus dem Wagen stiegen, schlug uns kalte, nebelfeuchte Winterluft entgegen. Es war ganz still um uns und dunkel. Der unbeleuchtete Parkplatz und die schemenhaften Umrisse des Supermarktes nahmen sich unheimlich aus inmitten still umherziehender Nebelfetzen. Die Hündin suchte schnuppernd nach einem geeigneten Platz für hündische Bedürfnisse, ihr weißer Schwanz wippte in der Dunkelheit. Vom schwarz verhangenen Himmel schaute nicht ein Stern auf uns herunter und das glühende Zigarettenende war das einzige Licht in dieser seltsamen Schattenlandschaft. Mit klappernden Zähnen suchte ich nach meiner Hündin und fand sie zwischen Getränke- und Gemüsekisten auf der Suche nach Essbarem.

Die Fahrt ging weiter durch die sogenannte Argolida, was man mit „fruchtbares Land" übersetzt.

Der Nebel wurde schwerer und dichter, die Nebelscheinwerfer warfen ihr kaltes Licht auf die Straße. Bald hatten wir den kleinen Ort Mili erreicht, Hochburg der Souvlaki-Griller, beliebte Raststation für Liebhaber der berühmten Fleischspießchen. Dort, wo sich an Sommertagen Busse, Lastkraftwagen und zahllose Pkws stauen, wo

Horden durchreisender Touristen und Griechen die Grillbuden umlagern, wo Berge von Fleisch und Bratkartoffeln in hungrige Mägen wandern, erwarteten uns an diesem stillen Wintermorgen heruntergelassene Rollläden und leere Parkplätze. In den hohen Platanen grüßten die ersten Weihnachtsdekorationen, neuchristliche Botschaft in einer orthodoxen Welt. Einsam und fast schüchtern hingen sie in den Zweigen, licht- und farblos hinter Nebelschwaden. „Von Jahr zu Jahr sieht man hier mehr davon", erklärte er mir.

Er parkte den Wagen am Straßenrand und wir stiegen aus.

„Erinnerst du dich an die dicke Hochzeitsgesellschaft inmitten von Souvlakibergen?", fragte er.

Ich nickte lachend. „Und der Pope war der dickste von allen!"

Er nahm meine Hand und wir schlenderten die Straße hinauf und hinunter, vorbei an eingewinterten Gastgärten, verriegelten Buden, leeren Vitrinen. Ich schmiegte mich an ihn und verspürte plötzlich eine unendliche Sehnsucht nach sommerlicher Hitze, leichter Kleidung, offenen Schuhen und – dem Duft der Souvlakispieße ...

Ich pfiff nach der Hündin, die in einem der zahlreichen Abfalleimer herumschnüffelte.

Wir fuhren weiter. Bei Kiveri bogen wir ab in Richtung Küste, und als das Meer vor uns lag, war es kurz nach fünf und der Tag brach an.

„Seit über einer Woche keine Spur von Sonne", sagte er und fuhr sich mit der Hand über die Augen. Er war müde. Wir waren schon lange unterwegs.

Vor uns lag Astros.

„Ein griechischer Badeort im Winter", sagte ich gähnend.

„Nicht viel anders als ein österreichischer Skiort im Sommer", erwiderte er.

„Die ganze Hässlichkeit kommt jetzt zum Vorschein", sagte ich und er nickte.

Wir fuhren direkt am Wasser die Uferpromenade entlang und er drosselte den Motor. Hotels, Appartementanlagen, Boutiquen, Imbissläden, Tavernen, Souvenirshops, Diskotheken ließen den Trubel der Hochsaison erahnen. Jetzt machten sie selbst Urlaub – Winterurlaub sozusagen.

„Keine Weihnachtsdekoration“, stellte ich fest.

„Für wen? Hier wohnt jetzt niemand, wäre nur rausgeschmissenes Geld!“, klärte er mich auf.

Und doch – irgendwie war mir der Ort so lieber als im Sommer ... Die Wellen schlugen an die Uferbefestigung, ein leichter Wind hatte den Nebel vertrieben und spielte mit den gelben Blättern der Alleebäume. Die Tankstelle war besetzt. Ein dicklicher Mann Ende fünfzig saß in eine Decke gehüllt auf einer Bank neben den Zapfsäulen und rauchte. Er hob grüßend die Hand, als wir vorbeifuhren.

„Seine Frau ist vor kurzem gestorben, er ist jetzt öfter hier als in seinem Haus in den Bergen“, erfuhr ich und ich nickte. Die Chance, hier herunten einen Menschen zu treffen, war wohl größer ...

Am schmalen Strand von Astros Paralía saß eine Handvoll Möwen. Alle zeigten mit dem Schnabel in Richtung Meer und dösten.

Noch eine steile Kurve bergauf – und unter uns lag die Bucht von Tyrós, einsam, grau, still. Ein paar Möwen dösten auch dort, die Wellen rieselten leise an Land und verloren sich zwischen den Steinen. Meine Müdigkeit verflog und die Anspannung kehrte zurück. Ich griff nach seiner rechten Hand, die ruhig auf dem Lenkrad lag, und drückte sie fest.

„Gleich sind wir da“, flüsterte ich.

Die Hündin richtete sich auf meinem Schoß auf und betrachtete die Landschaft durch die Windschutzscheibe.

„Gleich sind wir zu Hause“, sagte er und tätschelte ihr Köpfchen.

„Zu Hause ...“, dachte ich.

Er fuhr nun schneller, nahm die unübersichtliche, kurvenreiche und gefährliche Straße souverän.

Ich schaute hinunter aufs Meer. Der Wind war stärker geworden und die Wellen brachen sich in weißer Gischt. Drüben am Horizont ballten sich graue Wolkenknäuel.

„Ein Gewitter zieht auf“, sagte er kurz. Dann fuhr er langsamer und deutete nach vorne: „Schau!“

Ja – dort standen sie wieder auf ihrem Felsen, die drei Windmühlen von Leonidion. Heiß stieg mir das Wasser in die Augen und ich vergrub ganz kurz mein Gesicht im weichen Hundefell. Leonidion, Stadt des Leonidas, lebende Historie, vitale Drehscheibe zwischen Bergen und Meer.

Es war jetzt halb sieben. Die Autowerkstatt und der Supermarkt, die rechts und links an der Straße die Ortsgrenze bilden, waren geschlossen. Die bunte Fahne am Stadtturm flatterte im Wind. Wo war die tiefrote Bougainville, wo die violette Wicke, wo waren die weißen Heckenrosen? Die Orangenbäume im Garten von Costa Rini trugen leuchtende Früchte. „Dieses Jahr sind die Preise dafür sehr schlecht. Man lässt sie lieber auf den Bäumen verderben“, erzählte er mir und schüttelte den Kopf.

Die Wolkenknäuel hatten ihre Farbe verändert, schwarz drohten sie zum Greifen nahe.

„Wintergewitter können heftig sein. Du wirst es erleben“, sagte er und gab Gas.

Die Platía war menschenleer, auch kein Taxi war zu sehen. Der Kiosk war verriegelt und vor dem Kafeníon der dicken Matina saß niemand, zwei magere Katzen spielten mit den welken Blättern der Vogelbeerbäume.

„Morgen fahren wir nach Plaka, bitte!“, sagte ich.

„Morgen, ja. Aber auch dort nur tote Hose“, gab er zurück.

Wir passierten die Brücke, fuhren die Allee entlang und verließen Leonidion wieder. Hinter den Fenstern der Taverne von Lukas und Anastasia brannte Licht.

„Schau, die haben geöffnet!“, sagte ich.

„Die Einzigen“, antwortete er.

Zwanzig Minuten später war auch die kurvenreiche Bergstraße geschafft, die uns in das kleine Dorf Peletá brachte. Wir waren angekommen. Heftiger Regen hatte eingesetzt und nahm uns die Sicht.

„Bald wird es schneien“, sagte er.

„Ich freue mich auf Weihnachten mit dir“, flüsterte ich kaum hörbar.

Wiebke Dickfeld

Bratwurst auf dem Weihnachtsmarkt

Die Nacht hatte sich über die Stadt gelegt, alle Straßen schliefen im fahlen Mondlicht unter einer Schneedecke. Kalter Wind zog seine Runden um die Häuser und es waren nur noch wenige Menschen, die sich ihren Weg durch die vom Himmel fallenden Flocken suchten. Ein Platz war jedoch hell erleuchtet, Menschenmassen tummelten sich dort, mitten in der Stadt. Es war der Weihnachtsmarkt, der die Leute jedes Jahr von Neuem anzog, und niemand ließ es sich entgehen, einmal darüberzuschlendern. Trotz der Kälte bestaunten die Menschen jeden einzelnen Stand, genossen die herrlichen Düfte, die in der Luft lagen, und mit jedem Moment rückte Weihnachten ein wenig tiefer in die fast ausgekühlten Herzen.

Jener Tag war sehr anstrengend für Herrn Ernik gewesen. Seine Arbeit hatte ihn erschöpft und er wollte nur noch einmal kurz Luft schnappen nach der langen Zeit im Büro, nur schnell über den Weihnachtsmarkt gehen, vielleicht noch ein kleines Geschenk besorgen und eventuell eine Bratwurst essen. Herr Ernik drängte sich durch die Menge, auf der Suche nach einem interessanten Stand, und bereute schon, hergekommen zu sein. War sein Tag doch auch ohne diese Menschenmasse betäubend genug gewesen. Der herrliche Geruch führte ihn schließlich zum Bratwurststand, wo er sich einreihte und in seinem Portemonnaie nach zwei Euro kramte.

Als Herr Ernik die Münze endlich gefunden hatte, wurde er von hinten angerempelt. Mit leisem Klimpern fiel das Geldstück zu Boden. Mit einer unfreundlichen Bemerkung herrschte er die junge Frau hinter sich an. Er bückte sich und suchte den nassen und schmutzigen Boden ab, bis sein Blick auf den Mann fiel, der unmittelbar vor ihm stand. Der Mann war nicht sehr groß, alt, trug dreckige, zerrissene Kleider und hielt drei Plastiktüten, in denen sein gesamtes Hab und Gut verstaut war. „Ein ganz normaler Obdachloser“, kam es Herrn Ernik in den Sinn, doch etwas verwunderte ihn: Der Mann lächelte, nein, er lächelte nicht nur, er strahlte über das ganze Gesicht. Der Alte bückte sich, hob die zwei Euro auf. Er drehte und wendete das Geldstück, als wäre es etwas ganz Besonderes.

„Entschuldigung, aber die zwei Euro gehören mir." Herr Ernik hatte sich gefasst und keine Zeit, sich von einem Obdachlosen aufhalten zu lassen.

Der alte Mann machte keine Anstalten, das Geldstück zurückzugeben.

Herr Ernik wurde ungeduldig. Es war kalt und er wollte so schnell wie möglich nach Hause.

Der Alte aber hatte keine Eile, es gab nichts, was ihn drängte.

„Geben Sie mir jetzt bitte das Geld!" Herr Ernik wurde wütend, der Obdachlose wollte ihn bestimmt provozieren und dafür hatte er jetzt wirklich keinen Nerv. Er setzte zum Kampf an: „Finden Sie das lustig, was Sie da machen? Ist das so eine neue Art des Bettelns? Also wirklich; ich möchte jetzt die zwei Euro haben, sie gehören mir, ich habe sie mir ehrlich verdient! Und ich habe nicht so unbegrenzt viel Geld, dass ich es einfach wegschmeißen könnte."

Der Blick des alten Mannes ruhte auf Herrn Ernik, sein Lächeln blieb unverändert. Er setzte zum Sprechen an. „Die Menschen", sagte er, „sind blind geworden, ihre Ohren taub und ihre Münder wurden zu Maschinen."

Herr Ernik starrte den Alten an. Er begriff nicht, worauf er hinauswollte. „Ich verstehe nicht, was Sie meinen, aber wissen Sie, ich habe keine Zeit, mir irgendwelche Storys anzuhören, wissen Sie, ich habe Kinder, meine Frau wartet sicher auf mich zu Hause. Und in dieser chaotischen Weihnachtszeit sind wir sowieso nur im Stress. Ich habe noch keinen Urlaub. Und Weihnachtsgeschenke auch nicht. Und alles geht drunter und drüber. Jetzt geben Sie mir endlich mein Geld!" Herr Ernik war zufrieden, er hatte seine Meinung gesagt. „Aber", fügte er noch etwas gehässig hinzu, „Sie wissen ja gar nicht, wie das ist. Tja, da kann man nix machen. Ich gehöre nicht zu den

Menschen, die Bettlern gerne etwas geben. Und wissen Sie auch, warum? Weil sie an ihrem Unglück selbst schuld sind."

Der alte Mann schien nicht überrascht, wie Herr Ernik erwartet hatte, ganz im Gegenteil, er strahlte noch breiter als zuvor. „Ich bin um einiges reicher als Sie, da bin ich mir sicher ..." Mit einer Handbewegung brachte er Herrn Ernik dazu, nicht zu widersprechen. „Nicht, dass ich mehr Geld hätte. Nein, gewiss nicht, aber ich habe etwas Kostbareres. Etwas, das viele Menschen nicht würdigen, nicht verstehen."

„Was meinen Sie?", warf Herr Ernik ein.

„Zeit zum Leben", war die Antwort des Alten.

„Wollen Sie mich veralbern? Ich lebe doch!"

„Sehen Sie", sagte der Alte im gleichen ruhigen Ton, „Sie verstehen es nicht. Aber ich will es Ihnen erklären. Die Zeit läuft immer, man kann sie nicht anhalten oder verlangsamen, auch wenn viele Menschen das gerne täten. Doch Zeit ist nicht immer gleich Zeit. Wenn Sie sagen, ich habe keine Zeit, was wollen Sie damit ausdrücken? Wissen Sie, für jeden auf dieser Welt ist die Zeit begrenzt, daher sollten Sie wirklich leben, solange Sie noch Zeit dazu haben."

Herr Ernik schaute den Mann verdutzt an, der jedoch redete unbeirrt weiter. „Sie leben und ich lebe auch, aber wirklich leben werden wir nur, wenn wir glücklich sind, die tickende Uhr vergessen. Ein erfülltes Leben bedeutet nicht, alles gesehen, gemacht und geschafft zu haben, sondern etwas erlebt zu haben. Mit allen Sinnen, Zeit gefunden zu haben, etwas wirklich wahrzunehmen und nicht einfach nur daran vorbeizurennen. Viele Menschen können das heutzutage nicht mehr, sie sagen, dass sie keine Zeit hätten, ohne zu wissen, was Zeit eigentlich ist. Sie urteilen, ohne die Bedeutung zu kennen."

Herr Ernik konnte dem Blick des Mannes nicht weiter standhalten.

„Menschen laufen über diesen Weihnachtsmarkt auf der Suche nach Geschenken oder Ähnlichem, doch niemand nimmt all das hier wahr, die Gerüche, die Farben, die Gefühle. Weihnachten bedeutet für sie nur Stress. Einzig und allein die Kinder, sie erleben Weihnachten, denn sie haben noch nicht das falsche Bild der Zeit kennengelernt. Sie erleben mit allen Sinnen und sie fühlen und freuen sich auf Weihnachten."

Der Alte schaute wieder in seine Hand und endlich reichte er Herrn Ernik das Geldstück. Wortlos nahm dieser es an, er wusste keine Antwort, er wusste nur, dass der Mann etwas hatte, worum er ihn beneidete.

„Hören Sie", Herr Ernik hatte die Sprache wiedergefunden, „ich lade Sie ein, Sie können doch bestimmt auch eine heiße Bratwurst vertragen."

Ohne eine Antwort abzuwarten, kaufte er zwei Bratwürste und gab eine davon dem Mann. Herr Ernik schaute sich um, atmete tief durch.

„Sie lernen dazu. Zeit zum Leben zu finden, ist eine Kunst", sagte der Alte. „Frohe Weihnachten", fügte er noch hinzu, bevor er sich umdrehte und ging.

Herr Ernik schaute ihm hinterher, seine Gedanken waren weit weg. Er sah den Alten durch die Menge laufen. Auch Herr Ernik bahnte sich seinen Weg. Er ließ den Weihnachtsmarkt hinter sich, stapfte durch den Schnee zu seinem Auto. Er hatte kein Geschenk gekauft, er hatte eines bekommen.

Noch immer hielt Herr Ernik die Bratwurst in der Hand.

Claus Beese

Weihnachten unter Palmen

Das hatte Paps sich wieder fein ausgedacht! Eine große Überraschung sollte es zu Weihnachten geben, und Mami, Chrissie und ich freuten uns schon insgeheim auf den Flug nach Hause. Weihnachten im Schnee, bei klirrender Kälte, Frost und mit einem leuchtenden Weihnachtsbaum in der warmen Stube, das war es, was wir uns unter einer großen Überraschung vorstellten. Aber dann ...

Seit drei Jahren segelten wir nun schon auf den Weltmeeren umher, und Paps fand es einfach toll. Warmes, glasklares Wasser, winzige Inseln mit Palmen und weißen Stränden, Nahrung aus dem Meer, unabhängig sein und segeln, wohin man will. Das war Paps' Vorstellung von einem schönen Leben. Und seine Vorstellung von einer großen Weihnachtsüberraschung war demzufolge auch gar nicht weit davon entfernt: Heiligabend auf der Weihnachtsinsel, na, wenn das keine freudige Überraschung war!

So hatte er von Jarvis Island aus den Kurs direkt auf Kiritimati gesetzt, ein Atoll im Zentralpazifik, das der britische Seefahrer und Weltumsegler James Cook am 25. Dezember 1777 entdeckt und deshalb Weihnachtsinsel genannt haben soll. Paps war ein guter Seemann und war die rund 500 Kilometer an einem Stück gesegelt.

Wir hatten mit der „Esmeralda" über Nacht in der „Bucht der fliegenden Fische" an der Nordseite der Insel geankert, um am Morgen in den kleinen Hafen einzulaufen. Die Stimmung an Bord war nicht gut, denn Chrissie war enttäuscht. Sie hatte in ihrem ganzen Leben noch nie Schnee oder einen Weihnachtsbaum gesehen. Sie kannte das alles nur aus unseren Erzählungen und zog daher eine Schnute. Mom war ebenfalls verärgert und redete nicht mit Paps, und ich war so sehr mit meiner Flaschenpost beschäftigt, dass ich es nicht mitbekam, als unser Kapitän das Segelboot verließ.

„Chrissie will endlich Schnee sehen!“, bettelte meine kleine Schwester und Mami nahm sie in den Arm und strich ihr liebevoll über die langen blonden Haare.

„Ich auch, mein Schatz!“, seufzte sie. „Ich auch!“

Ich besah mein Werk verstohlen und war zufrieden. Wenn es einen Weihnachtsmann gab, dann würde dieser Brief den Weg zum Nordpol finden. Ich hoffte nur, dass er nicht auch so lange für den Weg benötigen würde wie unser Segelschiff.

Ich steckte das Papier mit meinem Wunschzettel, auf dem ich unser Segelboot gemalt hatte, in die Flasche. Auf dem Bild sah man am Heck einen grünen Tannenbaum, denn ich konnte mich noch schwach daran erinnern, wie so einer aussah. Über unserem Boot schwebte eine dicke Wolke, aus der es große weiße Flocken schneite. Es war ein Bild, das man gar nicht missverstehen konnte. Der Weihnachtsmann musste begreifen, was ich mir wünschte. Ich steckte den Korken auf die Flasche und warf meinen „Briefumschlag“ ins Meer. Gedankenverloren schaute ich zu, wie die Strömung ihn davontrug. Nach einiger Zeit verlor ich die auf den Wellen tanzende Flasche aus den Augen und wandte mich wieder Mami und Chrissie zu.

„Ob der Weihnachtsmann diese Insel überhaupt kennt? Vielleicht hat er sie nicht einmal auf seinem Weltatlas“, fragte ich Mami besorgt, aber die schüttelte lachend den Kopf.

„Macht euch keine Sorgen“, versprach sie. „Der Weihnachtsmann kennt jeden kleinen Flecken auf der Erde und jeden Winkel, in dem sich zwei so süße kleine Mäuse verstecken wie ihr. Er wird uns auch hier finden und euch die Geschenke bringen.“

Ach ja, Geschenke. Das größte Geschenk, das er mir machen könnte, wäre, dass wir wieder nach Hause fuhren. Ob die Kinder aus der Nachbarschaft wohl inzwischen zur Schule gehen durften? Paps und Mom bemühten sich zwar, mir Lesen, Schreiben und Rechnen beizubringen, aber so ganz allein ohne andere Kinder war es einfach langweilig. Ich würde so gern in die Schule gehen! Dann hätte ich meinen Wunschzettel vielleicht auch richtig schreiben können, anstatt ihn zu malen.

Nach einer ganzen Weile kam Paps gutgelaunt wieder an Bord. Er hatte frische Ananas dabei und leckeres Fladenbrot. Und er zwinkerte geheimnisvoll mit einem Auge.

„Ihr ratet nicht, wen ich getroffen habe!“, verkündete er. „Und morgen am Heiligen Abend wird er nur für euch ein kleines Wunder vollbringen.“

„Den Weihnachtsmann?“, fragte Chrissie ehrfürchtig und machte ganz große Augen.

Mom und ich guckten wohl etwas skeptisch, aber Paps nickte nur wortlos.

Wie verbringt man die Zeit, bis ein kleines Wunder geschieht? Ich hatte keine Ahnung, aber irgendwie verging der Tag schließlich doch. Chrissie und ich tauchten um die Wette, und ich schaffte es, ein paar Muscheln von der Kaimauer zu lösen. Mami würde sie kochen und heute Abend zum Weihnachtsessen servieren. Die Sonne versank im Meer und die kurze Abenddämmerung brach herein, als an der Hafenmole ein dunkelhäutiger Mann erschien, sich suchend umschaute und dann auf unser Boot zukam. Paps wurde ganz unruhig und sprang an Land. Aufgeregt lief er dem Mann entgegen. Die beiden sprachen englisch, aber das hatte ich inzwischen gelernt und konnte darum gut verstehen, worum es ging.

„Was ist los, Mann?“, fragte Paps. „Sie sollten mit Ihrem Helikopter schon lange in der Luft sein, um über unserer ‘Esmeralda’ den Kunstschnee abzuwerfen, den ich per Luftfracht habe anliefern lassen!“

Der fremde Mann schien sehr traurig zu sein und breitete hilflos die Arme aus. „Es tut mir sehr leid, Käpten! Aber der Hubschrauber will nicht anspringen. Ich kann den Fehler nicht finden und werde morgen den ganzen Motor auseinandernehmen müssen. Es tut mir wirklich leid! Ich hätte den Auftrag gerne für Sie und Ihre Familie erledigt“, antwortete der Pilot leise. Er schaute zu uns herüber. „Ich bin sicher, Ihre beiden kleinen Mädchen hätten sich sehr über diese Überraschung gefreut. Hier haben Sie Ihr Geld zurück. Fröhliche Weihnachten, Mann!“ Er drückte meinem Vater den Lohn für den

Flug in die Hand, den er schon im Voraus bezahlt hatte, und wandte sich zum Gehen.

In demselben Moment gingen die wenigen Hafenlaternen aus, und es wurde stockdunkel. Ein eiskalter Windhauch brauste vom Meer heran und ließ uns frösteln. Von ferne drang ein helles Klingen durch die Nacht und im leisen Heulen des Windes wurde es lauter und lauter und dann vernahmen wir ein dröhnendes Lachen.

„Schlittenglocken!", murmelte Mami. „Das sind doch Schlittenglocken!"

Urplötzlich setzte ein Schneetreiben ein, wie ich es noch nie gesehen hatte. Ganz dicht wirbelten die kalten weißen Flocken aus der Dunkelheit auf uns herab, setzten sich überall nieder und legten einen hellen Glanz auf die gute alte „Esmeralda" und den Hafenkai, wo Paps und der Pilot mit offenem Mund das Naturschauspiel verfolgten.

„Uiii!", staunte Chrissie und versuchte, so wie ich es ihr erzählt hatte, die Schneeflocken mit dem Mund aufzufangen. Auf Mamis Haar bildete sich eine kleine weiße Mütze aus Schnee und sie lachte und formte einen kleinen Schneeball, den sie Paps zuwarf. Der Ball traf ihn mitten ins Gesicht.

„Hoho!", tönte ein lautes Lachen vom Himmel. „Fröhliche Weihnachten, Esmeralda, und gute Heimkehr!"

Dann drehte der Schlitten ab und das Läuten der Schlittenglocken wurde immer leiser, bevor es schließlich in der Ferne verklang. Am Heck des Schiffes, dort wo sonst die Fahne im Flaggenstock steckt, wurde es hell und ein kleiner, bunt geschmückter Weihnachtsbaum war zu sehen. In seinen Zweigen brannten flackernd einige Talglichter und verbreiteten in der schneehellen Umgebung einen solchen Glanz, dass ich geblendet die Augen schloss. Versonnen standen wir vor dem leuchtenden Weihnachtsbaum am Schiffsheck und betrachteten das Flackern der Kerzen. Der kalte Wind hörte auf zu blasen, es schneite auch nicht mehr, und die vertraute Wärme der tropischen Nächte kehrte zurück.

„Wenn wir Kurs auf Panama nehmen und dann immer Nordost halten, müssten wir zum nächsten Weihnachtsfest zu Hause sein", murmelte Paps und wir alle fanden, dass er ein hervorragender Kapitän war.

Elisabeth Seiberl

Gib Weihnachten einen Sinn!

In diesem Jahr hatte es früh Schnee gegeben. Schon ab Mitte November deckten weiche Flocken den durchgefrorenen braunen Boden zu, zauberten kecke Häubchen auf Bank und Zaun und schafften es, dass wir Kinder in der Schule unsere Aufmerksamkeit nicht der Tafel zuwandten, sondern dem Schneetreiben draußen. Die Lehrerin zeigte Erbarmen und ging mit uns rodeln.

Früh war es Winter geworden, viel zu früh.

Dieser Meinung war auch der alte Michael. Immer wenn wir Kinder nach der Schule Zeit hatten, schlüpften wir in seine gut geheizte Stube, setzten uns zu ihm an den Tisch und sahen ihm zu. Er freute sich jedes Mal, wenn wir zu ihm kamen. „Gut, dass ich euch habe“, meinte er dann, „sonst wäre ich den ganzen Nachmittag allein.“ Und schon erzählte er uns eine Geschichte aus seiner Jugend. Aber wirklich allein oder gar einsam war Michael nie. Er hatte ja seine Arbeit. Und was für eine Arbeit! Wir ließen uns gern in den Bann der vielen Dinge ziehen, die er in der Stube aufbewahrte: getrocknete Moose in einer Obststeige, Zweige und bizarr geformte Wurzeln, die zusammengebunden von der Decke baumelten, längere und kürzere Holzstücke, bereits zugeschnittene winzige Holzschindeln in einer Schachtel, Leim in handlichen Fläschchen. Und besonders das Werkzeug hatte es uns angetan. Da gab es Hämmer, eine Säge, Schraubenzieher, Messer, Schere … Bei Michael wähnten wir uns im Paradies. Seine Arbeit war ja auch eine himmlische, sozusagen. Michael baute Weihnachtskrippen.

Wenn wir zu ihm kamen, bewunderten wir, was seit unserem letzten Besuch dazugekommen war: Ein Krippenberg war fertig geworden und ein neues Krippenhaus lag zugeschnitten auf der Werkbank.

Ja, Michael war ein fleißiger alter Mann.

Vom Wald hätte er noch Wurzeln gebraucht und Tannenzapfen, die von den Eichhörnchen bereits abgenagt worden waren. Die würden sich am besten für die Stämme der Palmen eignen, mit denen er die orientalischen Krippen verzierte. Er fühlte sich zu alt, um durch den Schnee in den Wald zu stapfen, und darum nahmen wir ihm diese Arbeit ab. Wir brachten ihm Berge von Zweigen, Wurzeln, Zapfen und Tannennadeln mit. „Wenn ich euch nicht hätte …“, meinte er mit einem Augenzwinkern.

In den folgenden Wochen fielen Unmengen von Schnee. Wir Kinder freuten uns darüber und tollten draußen herum, die Erwachsenen zeigten keine so große Begeisterung. Und auch mit Michael ging eine eigenartige Veränderung vor.

Wenn wir ihn besuchten, zwinkerte er uns nicht mehr zu. Seine Geschichten, die er nach wie vor erzählte, klangen leise und gedankenverloren. So, als ob er diese Zeit durchleben müsste, sobald er sich daran erinnerte. Die anderen Kinder kamen nicht mehr so häufig.

Einmal zog ich meine Mutter ins Vertrauen und erzählte ihr von Michaels seltsamer Veränderung. Sie beruhigte mich: „Schau, Michael ist schon alt. Alte Menschen werden oft etwas schrullig oder leben mit ihren Gedanken in der Vergangenheit. Du darfst das nicht zu ernst nehmen. Solange er sich über euch Kinder freut, dürft ihr ihn besuchen.“

Am Barbaratag wollte ich ihm eine besondere Freude machen und schnitt von unserem Kirschbaum vier frische Zweige ab, die ich in eine Vase mit warmem Wasser steckte. Dann machte ich mich auf den Weg zu ihm. Ich drückte die Türklinke mit dem Ellbogen herunter, in beiden Händen die Vase, und schob die Tür auf. Was ich sah, traf mich bis ins Herz. Michael lag auf seinem Bett und schien zu schlafen. Noch nie hatte ich ihn am helllichten Tag schlafen sehen! Leise schloss ich die Tür. In diesem Augenblick öffnete er die Augen und sagte mit einem Blick auf mein Geschenk: „Jaja, Barbaratag ist wieder. Dann kommt der Nikolaus mit dem Krampus und im Nu ist Weihnachten da! Ein Jahr ums andere kommt und geht, und ich bin alt geworden. Von vielen Weihnachten kann ich erzählen, von frohen und traurigen, von armen und reichen. Viele werden es wohl nicht mehr werden.“ Er tat einen tiefen Atemzug und ich merkte, dass ihm heute auch das Sprechen schwerfiel. Als er sich mit Mühe aufsetzen wollte, hielt ich ihn zurück. „Bleib doch liegen, Michael, dann geht’s dir nachher wieder besser.“ Er ließ meinen Einwand aber nicht gelten, erhob sich und setzte sich an den Tisch. Dann winkte er mich zu sich heran. „Komm, ich möchte dir etwas zeigen. Meine Krippen kennst du ja alle. Du weißt schon, wie man sie macht. Material ist auch genug da. Also wirst du jetzt – unter meiner Anleitung – deine erste Krippe basteln.“

Ich war sprachlos. Immer hatte ich ihm mit besonderer Neugier bei seiner Arbeit zugesehen, aber dass er mir das Handwerk beibringen würde – davon hätte ich nicht einmal zu träumen gewagt.

„Komm, trödle nicht, Weihnachten ist bald! Dort drüben liegen die Wände für dein Krippenhaus. Hol sie her und ich zeige dir, wie man sie zusammenbaut und auf der Grundplatte befestigt.“

Meine gesamte freie Zeit verbrachte ich bei Michael in der Stube und baute an meiner Krippe. Gemeinsam schnitten wir aus einem Holzstück die Schindeln für das Dach, nachdem der Dachstuhl aufgesetzt war. Der Krippenstall sollte nicht einfach auf einer ebenen Fläche stehen, sondern sich in eine von uns entworfene Landschaft einfügen. Wir bauten Berge und Täler, Felsen und Flussläufe mit Brücken darüber. Michael rührte den Krippenmörtel ab und wies mich an, ihn über die gesamte Krippe zu streichen. Nur das Dach und was sonst noch aus Holz sein sollte musste frei bleiben. Viel Geduld kostete es mich, dass alles Zeit zum Trocknen brauchte. Aber auch dann waren wir nicht untätig. Wir schnitzten das Jesuskind aus Holz. Meins geriet etwas aus der Form und sah gar nicht jesuskindmäßig aus. Ich ließ es heimlich bei uns im Ofen verschwinden.

In diesem Advent ging ich wie auf Wolken. Ich hatte das Gefühl für Zeit verloren und war mit meinen Gedanken ständig bei meiner Krippe. Auch unsere Lehrerin stellte fest, dass mit mir etwas nicht stimmte. Ich versicherte ihr, dass alles in Ordnung sei und ich mich einfach schon so auf Weihnachten freuen würde. An ihrem skeptischen Blick sah ich, dass sie mir nicht recht glaubte.

Über so viel Beschäftigung hatte ich ganz vergessen, dass nur mehr wenige Tage bis zum Heiligen Abend blieben. Meine Mutter hatte unser Haus festlich geschmückt. In den Jahren zuvor hatte ich ihr immer geholfen, aber heuer war alles an mir vorbeigegangen. Ich hatte nicht einmal Zeit gefunden, einen Brief ans Christkind zu schreiben. Natürlich wusste ich damals schon, wie das mit den Geschenken vom Christkind war, aber einen Brief hatte ich trotzdem alle Jahre geschrieben.

Als ich Michael davon erzählte, beruhigte er mich: „Schau, der Sinn des Weihnachtsfestes liegt nicht in den Geschenken. Was wir beide hier machen, das drückt den Mittelpunkt von Weihnachten aus, die Geburt Jesu. Wozu brauchst du noch Geschenke? Das Beste liegt doch vor dir!"

Womit er Recht hatte.

Unsere Krippe wurde am 22. Dezember, unserem letzten Schultag vor den Weihnachtsferien, bis auf wenige Kleinigkeiten fertig. Und es war eine prächtige Krippenanlage geworden! Der Stall, der schon ziemlich verfallen wirkte – so wie wir es beabsichtigt hatten –, stand auf einem Hügel. Dahinter türmten sich Gebirgsstöcke auf, die durch die Bemalung wie echte Felsen aussahen. Von dort oben schlängelte sich ganz fein ein winziger Bach, der erst neben dem Stall breiter wurde. Darüber führte ein Steg aus Holz, mit Geländer links und rechts. Der Weg zur Krippe, den die Hirten und die Heiligen Drei Könige ja finden mussten, ging genau über diesen Steg. Neben dem Stall fand ich einen Misthaufen, den Michael am Abend, als ich schon schlafen gegangen war, aus vielen Tannennadeln zusammengefügt hatte. Ein weiteres Geländer aus dünnen Aststücken sicherte den Pfad gegen einen Abgrund.

Die gesamte Krippenanlage war fertig, bis auf die „Botanik", wie Michael es nannte. Mit Pflanzen sollte der Krippenberg echt aussehen. „Du musst aufpassen, dass sich die Größe der Bäume und anderer Pflanzen harmonisch in die Landschaft einfügt und zum Haus passt. Sonst wirkt die Krippe nicht richtig!“

Nicht einmal meine Mutter wusste von unserer gemeinsamen Arbeit. Sie glaubte, ich würde Michael einfach Gesellschaft leisten, weil er ja gesundheitlich nicht mehr auf der Höhe war. Ich erschrak, als sie das sagte. In den letzten Tagen hatte ich gar nicht mehr darauf geachtet, wie es Michael ging! Mir kam er frisch und gesund vor. Aber hatte er nicht in letzter Zeit schwerer geatmet? Wenn es nicht schon spät gewesen wäre, hätte ich ihn noch rasch aufgesucht. Aber so verbot es Mama.

Endlich kam der Morgen des 24. Dezembers!

Ich entwischte sofort zu Michael. Schon als ich eintrat, sah ich, dass er im Bett lag. So spät stand er doch sonst nie auf! Er schien zu fühlen, dass ich gekommen war, und öffnete die Augen. „Ach, du bist es“, murmelte er. „Komm, setz dich her zu mir. Heute müssen wir nicht mehr arbeiten, wir sind ja fertig.“ Ich holte einen Sessel vom Tisch und stellte ihn ans Kopfende seines Bettes. Als ich saß, sprach er weiter: „Mein letzter Advent ist ein ganz besonderer, weißt du das? Ein besonderer, weil wir so viel geschafft haben und weil du ein junger Krippenbauer geworden bist. Du kannst alles Werkzeug und Material haben. Ja, du wirst alles brauchen können!“ Meinen Einwand, dass er doch noch viele Krippen bauen würde, ließ er nicht gelten. „Ich weiß schon, wovon ich rede. Ich brauche alles nicht mehr. Es gehört dir!“ Müde, als hätte ihn das Sprechen sehr viel Kraft gekostet, schloss er die Augen. Dann fiel ihm noch etwas ein: „Die Krippe … deine erste Krippe … Trag sie hinüber zu deiner Mutter. Sie wird sich darüber sehr freuen.“

Unsicher erhob ich mich und warf noch einmal einen Blick auf dieses vertraute Gesicht. Schmal, klein und faltig war es in den letzten Wochen geworden. Aber wahrscheinlich kam mir das nur so vor, weil ich Michael immer als aktiven, arbeitenden Menschen kannte, nicht müde und abgespannt wie jetzt. Sein Atem ging wieder schwer und unregelmäßig.

Ich trug die Krippe, meine und Michaels Arbeit der letzten Wochen, hinaus, über die Straße und in unser Haus.

Meine Mutter schlug die Hände zusammen, als sie das Prachtstück sah. „Ja, sag einmal, was habt denn ihr beiden da gemacht? So eine schöne Krippe! Schnell, stell sie hierher!“ Und sie wies auf den Eckplatz im Herrgottswinkel unserer Stube.

Alle, mein Vater, meine Mutter und die beiden Kleinen, standen davor und bewunderten den Stall, die Wege, jede Kleinigkeit. Vater ging auf den Dachboden und holte die Krippenfiguren aus der früheren Krippe. Sie passten in der Größe genau. Michael kannte unsere alte Krippe sicher.

Michael! Sofort musste ich Mutter erzählen, dass mir Michael sein ganzes Werkzeug und alles, was mit dem Krippenbauen zu tun hat, geschenkt hatte. Meine Mutter, die eben die Figuren in den Stall stellen wollte, sah mich mit einem entsetzten Blick an, legte die Marienfigur zur Seite und stürzte aus der Stube. Beunruhigt folgte ich ihr. Sie lief hinüber zu Michael.

Als ich eintrat und einen Blick auf meine Mutter warf, wusste ich alles: Michael war gestorben. Sein gequälter Atem fehlte. Zu hören war nur das überlaute Ticken der großen Pendeluhr.

Als ich in sein weißes, zufriedenes Gesicht sah, kam es mir so vor, als würde er mir zunicken und flüstern: „Arbeite fleißig, damit Weihnachten seinen Sinn behält!“

Seither sind viele Jahre vergangen. Oft hätte ich seinen Rat gebraucht. Wenn ich aber an einer Weihnachtskrippe arbeite, dann sehe ich sein gutes Gesicht und seine fleißigen Hände vor mir, dann spüre ich die Verpflichtung, die er mir mitgegeben hat: „Der Sinn des Weihnachtsfestes liegt nicht in den Geschenken. Die Krippe ist der Mittelpunkt. Arbeite fleißig, damit Weihnachten seinen Sinn behält!“

Ivan Ott

Weihnachten am Stuttgarter Hauptbahnhof

Aus dem Kroatischen von Silvija Hinzmann

Im Jahr 1961 erlebte ich den traurigsten Heiligabend, den ich bisher in Deutschland verbracht habe. Dabei begann alles sehr fröhlich und gar nicht typisch für das Gastarbeiterleben.

Seit meiner Ankunft in Deutschland waren gerade drei Monate vergangen. Im Arbeiterwohnheim am Südheimer Platz, wo ich ein Zimmer mit fünf jungen deutschen Arbeitern teilte, versammelten sich etwa zehn Männer, die auch da wohnten, sowie drei jugoslawische Landsleute, die schon etwas länger in Deutschland arbeiteten. Wir vier Ausländer waren Flüchtlinge, weil unser Staat Jugoslawien weder Reisen ins Ausland noch eine Beschäftigung dort erlaubte.

Kurz vor Weihnachten 1961 erhielten jugoslawische Staatsbürger zum allerersten Mal einen Reisepass, mit dem sie frei in ihre Heimat und zurück zur Arbeit nach Deutschland reisen konnten. Einer meiner Freunde „probierte" diese neue Reiseurkunde aus. Er fuhr heim und am nächsten Tag gleich wieder nach Stuttgart zurück. Außer sauberer Wäsche brachte er einen Koffer mit. Voll mit Getränken wie Slivovitz, Weinbrand, Wermut, Sekt sowie geräucherten Würsten, Speck, Schinken und Pasteten.

Am Tag vor Heiligabend kamen meine drei Freunde zu mir ins Zimmer, um die Rückkehr unseres Freundes, die neuen Reisepässe, meine ersten drei Monate in Deutschland, die bevorstehenden Weihnachtsfeiertage, das neue Jahr, die Gehaltserhöhung und manch anderes gemeinsam zu feiern. Es gab viele Gründe für eine lange Feier. Der Koffer war groß und sein Inhalt üppig. Wir machten uns gierig über das Essen und die Getränke her. Das Gelage begann am frühen Nachmittag. Als meine Kollegen und die anderen Zimmergenossen von der Arbeit kamen, war mein Zimmer eingenebelt von den Alkoholdünsten, der Boden feucht vom Schnaps und die Decke mit Sekt besprenkelt. Ein Gemisch aus Alkoholgeruch, Essensdüften und Zigarettenrauch erfüllte das Zimmer.

Wir luden unsere deutschen Freunde ein mit uns zu feiern, was sie freudig annahmen. Die Flaschen mit den alkoholischen Getränken gingen von Mund zu Mund. Wir tranken Schnaps, Likör und Sekt durcheinander und genossen die aus der Heimat mitgebrachten Spezialitäten. Keiner von uns merkte, dass es inzwischen tiefste Nacht war und das Zimmer voll, weil sich weitere ungeladene Gäste, die übrigen Bewohner des Arbeiterwohnheims, zu uns gesellt hatten. Jeder von ihnen hatte ein paar Flaschen mitgebracht, damit wir Vorrat für die ganze Nacht hatten. Wir tranken und prosteten uns mit „živili“ oder „Zum Wohl“ zu, tranken Brüderschaft und sangen, und wenn einer der fröhlichen Zecher sein Alkohollimit erreicht hatte, legte er sich einfach aufs Bett oder auf den Boden, schlief ein halbes Stündchen und machte dann wieder beim Gelage mit.

Am nächsten Morgen platzte, angezogen vom Lärm und Alkoholgeruch, die Hausverwalterin in mein Zimmer. Als sie die betrunkene und lärmende Gesellschaft erblickte, lief sie kreischend hinaus. Kurze Zeit später war von der Straße her das Tatütata des Martinshorns zu hören. Drei Polizeiwagen hielten vor dem Haus und ein halbes Dutzend Polizisten stürmte herein. Als meine Freunde und die Wohnheimbewohner die Polizei sahen, sprangen sie aus dem Fenster des ebenerdigen Zimmers und verschwanden in den umliegenden Gärten, manche schnellen Schrittes, andere auf allen Vieren. Ich wartete als Einziger auf die Polizisten. Doch sie zogen nach Tatortbesichtigung lustlos ab, da es keine Arbeit für sie gab, sondern eher für die Putzfrauen und Wäscherinnen des Wohnheimes.

Die aufgebrachte Verwalterin gab mir eine halbe Stunde Zeit, meine Koffer zu packen und das Haus zu verlassen. Wütend schnappte sie den Koffer meines Freundes, in dem sich – oh, welch ein Wunder! – noch ein paar volle Flaschen befanden, trug ihn hinaus und warf ihn auf die Straße.

Ich brauchte nicht lange, um meine paar ärmlichen Kleidungsstücke und Schuhe zu packen. Ohne jemanden zu kennen oder zu wissen, wo ich vor der Kälte Schutz suchen sollte, fuhr ich mit der Straßenbahn zum Hauptbahnhof und betrat die große Eingangshalle. Inzwischen war es dunkel geworden. Auf den Bahnsteigen warteten einige wenige Reisende und Passanten. In der Mitte der Bahnhofshalle stand ein großer Weihnachtsbaum. Ich stellte meine zwei Koffer darunter und setzte mich. Mein Kopf brummte, mein Gesicht glühte vom Restalkohol und meine Füße waren eisig wegen des kalten Betonbodens. Auf den einfahrenden Zügen lagen dicke Schneeschichten, die wie weiße Wintermützen aussahen. Aus den Lautsprechern kamen monotone, von einer Frauenstimme gesprochene Durchsagen zur Ankunft, Abfahrt und Verspätung der Züge. Dazwischen rieselte Weihnachtsmusik, bekannte wie unbekannte Lieder. „O Tannenbaum“, „Stille Nacht“ und „Alle Jahre wieder“ wechselten einander ab.

Die Leute hatten es eilig und verließen mit schnellen Schritten den Bahnhof. Nur ich nicht. Ich saß auf meinem Koffer und stützte den Kopf in die Hände, und wenn mein vom Alkohol benebelter Verstand es gestattete, sann ich darüber nach, was mir zugestoßen war. „Stille Nacht, heilige Nacht“, klang es aus dem Lautsprecher, aber in meinem Kopf schwirrten die Worte „Laute Nacht, kalte Nacht, alles schläft, nur einer wacht – nämlich ich.“

Ein paar Wildtauben kamen vorsichtig näher und beäugten mich neugierig. Ob sie sich über mich wunderten oder eher auf Brotkrumen warteten? Aber ich hatte nichts, was ich ihnen hätte geben können. Ich war obdachlos, genau wie sie, fror genauso wie sie und war hungrig, genau wie sie.

Ein Reisender, der mich wahrscheinlich für einen Landstreicher hielt, warf mir im Vorbeigehen eine noch warme Brezel in den Schoß. Ich wollte hinterherrufen und ihm das Gebäck zurückgeben, doch als ich die Tauben sah, die mich Mitleid heischend anschauten, behielt ich die Brezel und verfütterte sie an die Vögel. Mir war zum Heulen zumute. Ich dachte an mein warmes Zuhause, den reich gedeckten Tisch, die Verwandten und Freunde in der Heimat und beschloss, mit dem ersten Zug nach Hause zu fahren. Mein Problem war nur, dass in jener Nacht kein einziger Zug in meine Heimat fuhr. Also kehrte ich zum Weihnachtsbaum zurück, wo die Tauben immer noch auf mich warteten.

Die große Bahnhofsuhr zeigte Mitternacht. Aus den Lautsprechern ertönte die Frauenstimme: „Wir wünschen allen Reisenden frohe Weihnachten!“ Ich lächelte säuerlich. Diese Grüße waren nicht an mich gerichtet. Ich war kein Reisender, sondern ein durchgefrorener Obdachloser in einem fremden Land. Trotz der Kälte und des Durchzugs in der Bahnhofshalle schlief ich ein. Ich träumte, ich wäre in der weihnachtlichen Mitternachtsmesse. Wir sangen und feierten Christi Geburt. Am Ende segnete uns der Priester und besprenkelte uns mit Weihwasser. Beim Verlassen der Kirche rempelten mich Leute an. Wegen der Rempelei wachte ich auf.

Ich begriff nicht gleich, was mit mir geschah und wo ich war. Ein riesenhafter Mann schüttelte mich mit einer Hand an der Schulter, in der anderen hielt er einen Gummischlauch, mit dem er mich, wahrscheinlich aus Versehen, nassgespritzt hatte.

„He Kumpel, wach auf, du musst raus hier, wir müssen die Halle sauber machen!“ Er öffnete das Ventil und richtete den dicken Wasserstrahl in eine andere Richtung.

Schlaftrunken und müde nahm ich meine Koffer und ging in die kalte Weihnachtsnacht hinaus, wo ein Wunder geschah. Genau in diesem Augenblick kam ein Mann vorbei, den ich kannte. Es war ein Volksdeutscher aus dem Banat. Den Rest der Nacht und den größten Teil des ersten Weihnachtstages verbrachte ich schlafend und in eine Decke gehüllt auf dem Küchenfußboden seiner winzigen Einzimmerwohnung. Nachdem ich mich ausgeschlafen, aufgewärmt und satt gegessen hatte, beschloss ich, doch in Deutschland zu bleiben, denn ein schlimmeres Weihnachten als dieses konnte es nicht geben.

Die mehr als vierzig nachfolgenden Weihnachten, die ich seither in Deutschland verbrachte, haben das bestätigt.

Bernard Pekrul

Der Weihnachtsblüher

Als Single hatte ich mir vorgenommen, Heiligabend alleine und unpathetisch zu verbringen: ein nettes Menü, Kerzenschein, Weihnachtslieder.

Meinen kleinen Gemischtwarenladen hielt ich an diesem Vormittag geschlossen und schlenderte durch die Innenstadt. Hektisch und überfüllt wirkte sie am 23. Dezember. Direkt vor dem Kunstmuseum sang ein ganz in Weiß gekleidetes Grüppchen „O du fröhliche", nicht unweit davon spielte eine Kapelle ebenfalls ein Weihnachtslied, und auch auf dem Weihnachtsmarkt tummelten sich unzählige Menschen. Ich blieb vor einem Weihnachtsstand mit Kerzen stehen. Unter all den Kerzen in verschiedenen Formen und Farben gefiel mir eine besonders gut. Sie glänzte durch goldene und silberne Längsstreifen und war mit blauen Sternchen verziert. Die ließ ich mir einpacken und ging weiter.

In der Nähe des alten Schlosses entdeckte ich einen Stand, der mich auf unerklärliche Weise in seinen Bann zog. Vielleicht lag es an dem unwirklichen Licht, das den Stand etwas unscharf, ähnlich einer Luftspiegelung, erscheinen ließ, vielleicht an dem alten Mann mit der Nickelbrille, dem Gehrock und einem Zylinder, der wie aus alten Zeiten wirkte, oder einfach an der Tatsache, dass es der einzige Stand ohne Kundschaft war. Neugierig näherte ich mich. Der alte Mann wandte mir seinen Blick zu und lächelte, als hätte er ausschließlich auf mich gewartet. Auf den ersten Blick sah sein Stand mit dem bunten Allerlei nicht anders aus als andere Stände, bei genauerem Hinsehen wirkten die Dinge jedoch eher ungewöhnlich: Teesorten und Gewürze, von denen ich noch nie gehört hatte, „Engelsflieder", „Hadeskraut", Keramiken mit ungewöhnlich kunstvollen Bemalungen, Pflanzen in ungewohnten Farben. Ich betrachtete eine Pflanze mit einem dicken blauen Stiel und großer blauer Knospe, die sich in einem blauen Blumentopf befand.

„Das ist ein Weihnachtsblüher, der blüht nur am Heiligabend", sagte der alte Mann.

Ein Weihnachtsblüher als Abrundung meines Heiligabends?

„Perfekt, den nehme ich", sagte ich kurz entschlossen.

Der alte Mann schaute mich über den Rand seiner Nickelbrille an. „Das ist ein ganz besonderer Weihnachtsblüher, er öffnet sich jedes Jahr nur einer Person, und dieser bringt er Glück."

Ich blickte den Mann skeptisch an, aber bevor ich etwas sagen konnte, überreichte er mir die Pflanze und sagte: „Nehmen Sie sie, die kostet nichts, und finden Sie diese Person."

Klar, als hätte ich nichts anderes zu tun!

„Finden Sie die auserwählte Person", wiederholte der Mann.

„Aber ..." Was sollte ich davon halten? Sprachlos starrte ich den Alten an, während dieser mich unverwandt anblickte.

„Die Pflanze wird Ihnen helfen."

Ich betrachtete die Blume. Schön war sie, auch mit geschlossener Blüte. Blau und prächtig. Mir wurde ein wenig schwindelig, die vielen Geräusche, Musik, Gesang, Stimmen, hörte ich nur noch wie aus der Ferne. Die Pflanze in meiner Hand. Für einen Augenblick gab es nur sie und mich. Ich schüttelte den Kopf und versuchte, wieder zu mir zu kommen. Da war der Weihnachtsmarkt mit den vielen Menschen, alles wie vorher, nur den Stand des alten Mannes konnte ich nicht mehr sehen. Verwirrt schaute ich auf die Stelle, an der er sich noch vor wenigen Augenblicken befunden hatte, aber da war nichts außer den Pflastersteinen des Schlossplatzes.

Dass ich dennoch nicht geträumt hatte, bewies die blaue Pflanze in meiner Hand. Gedankenverloren ging ich zurück in meinen Laden und stellte das ungewöhnliche Gewächs auf die Theke.

An jenem Nachmittag hatte ich ziemlich viele Kunden, und als es dämmerte, hatte ich die seltsamen Ereignisse des Vormittags beinahe vergessen. Da holte mich die blaue Pflanze wieder aus der Alltagsroutine. Die Knospe öffnete sich einen winzig kleinen Spalt, und ich konnte ein Funkeln im Innern erkennen, ähnlich einem Diamanten im Sonnenlicht. Ich blickte mich im Laden um. Er war in jenem Moment fast leer, nur ein etwa zehn- bis zwölfjähriger Junge stand vor dem Obstregal. Anscheinend fühlte er sich unbeobachtet, denn er steckte flink zwei Äpfel und eine Banane in seine Jackentasche. Ich blickte wieder auf die Pflanze. Die Knospe war immer noch leicht geöffnet.

Sollte etwa dieser Junge die auserwählte Person sein, schoss es mir durch den Sinn, ein Ladendieb?

Der Junge kam mit einer Tafel Schokolade in der Hand zur Kasse und bezahlte auch nur diese. Seine großen, ängstlichen Augen schauten mich kaum an, während er sich sein hellbraunes Haar aus dem Gesicht strich. Ich nahm das Geld und ließ ihn gehen. Sobald der Junge den Laden verlassen hatte, schloss sich die Knospe der Pflanze wieder vollständig. Nun war ich neugierig geworden. Kurz entschlossen zog ich meine Jacke an und folgte dem Jungen. Ich konnte gerade noch sehen, wie er um die nächste Ecke bog. Ich hoffte, von ihm nicht entdeckt zu werden. Nach etwa fünf Minuten Fußmarsch sah ich ihn in einem Mehrfamilienhaus verschwinden. Nachdem ich das Haus erreicht hatte, blickte ich zunächst etwas ratlos auf die vielen Klingelknöpfe am Eingang. In der Erdgeschosswohnung war gerade das Licht angegangen, ich sah es durch die Rollläden scheinen. Ich versuchte, durch die Schlitze zu schauen. Tatsächlich konnte ich in ein Wohnzimmer blicken. Eine alte Frau saß apathisch auf einer Couch. Daneben stand ein Weihnachtsbaum, der dürftig dekoriert war. Dann betrat der Junge aus meinem Laden das Wohnzimmer. Er küsste die alte Frau auf die Wange und hielt ihr einen Apfel hin. Dann nahm er ein Buch und begann ihr vorzulesen, während sie den Apfel aß.

„Was machen Sie da?"

Ich erschrak und drehte mich schnell um. Dort stand eine Frau mittleren Alters.

„Ich, äh … der Junge hat bei mir im Laden etwas vergessen, und ich wusste nicht, welches die richtige Wohnung ist, aber hier wohnt er.“ Ich zeigte auf die Erdgeschosswohnung.

„Martin. Der arme Junge. Ja, seitdem seine Eltern nicht mehr leben, wohnt er bei seiner Großmutter. Sie verstummte, als ihre Tochter, die Mutter des Jungen, starb.“

„Oh, das tut mir leid …“

Die Frau blickte mich an. „Tun Sie Martin bitte nichts. Ich weiß, er stiehlt gelegentlich …“

„Nein, nein, deswegen bin ich nicht hier, keine Sorge“, sagte ich schnell.

Die Frau lächelte, verabschiedete sich und verschwand im Haus.

Ich kehrte wieder in meinen Laden zurück. Die blaue Blüte blieb den Rest des Tages geschlossen. Am Vormittag des 24. Dezembers umwickelte ich die Blume mit Weihnachtspapier und hängte einen Zettel daran: „Mit einem lieben Gruß vom Weihnachtsmann“. Dann machte ich mich auf den Weg zur Wohnung von Martin und seiner Großmutter. Als jemand das Haus verließ, schlüpfte ich hinein und stellte die Pflanze vor der Tür der Erdgeschosswohnung ab.

Meinen Laden schloss ich am Mittag. Ich ging nach Hause und fing an, mein Weihnachtsmenü vorzubereiten. Um sechs Uhr zündete ich die schöne Kerze vom Weihnachtsmarkt an, legte eine CD mit Weihnachtsmusik auf und fing an, meine Gans, Kartoffeln und Blumenkohl zu essen. Etwa zwei Stunden später hatte ich den Nachtisch, einen Schokoladenpudding, verzehrt und nippte an einem Glas Wein. Eigentlich hatte ich mich auf den Abend sehr gefreut: alleine und entspannt. Nun saß ich da, alleine. Meine Gedanken kreisten um den Jungen mit seiner Großmutter. Sie hatten wenigstens noch sich, und das war gut. Ob sich die Blüte tatsächlich geöffnet hatte?

Eine Mischung aus Neugierde und Langeweile trieb mich zur Wohnung von Martin und seiner Großmutter. Die Rollläden waren ein Stück geöffnet. Ich blickte hindurch. Den Weihnachtsbaum konnte ich sofort sehen. Mit einer aufwändigen Dekoration aus Kerzen, Lametta, bunten Kugeln und Sternen erleuchtete er den Raum. Dann entdeckte ich ihn, den Weihnachtsblüher. Er stand auf dem Tisch – und blühte. Es war eine wunderschöne blaue Blüte mit großen rosenblattförmigen Blütenblättern. Die gesamte Blume war von einem feinen bunten Funkeln umhüllt, das ihre Pracht zusätzlich betonte und sie fast unwirklich erscheinen ließ. Neben der Blume saßen Martin und seine Großmutter. Die Großmutter hatte ein Buch vor sich und las. Tatsächlich, sie las Martin vor, und Martin strahlte über das ganze Gesicht. Der Weihnachtsblüher hatte seinen diesjährigen Besitzer gefunden, und ich freute mich von Herzen.

Mit einer langsamen und weichen Bewegung, scheinbar völlig im Bann des Blühers, wendeten beide ihre Köpfe in meine Richtung. Ich zuckte zurück, sah aber dann, dass sie lächelten und mir zuwinkten. Sie winkten mich herein. Die Einladung nahm ich gerne an.

Manuel Hilmer

Der zweite Nikolaus

Warum? Während wir weiter durch den Schnee stapften, dachte ich über Pauls Frage nach. Warum. Mein Sohn produzierte täglich viereinhalbtausend Fragen mit diesem kleinen Wörtchen und meistens konnte ich sie auch beantworten. Na ja, außer neulich die Sache mit dem Strom aus der Steckdose.

Das halb vom Schnee verdeckte Rot einer Fußgängerampel zwang uns zum Stehenbleiben. Ich wischte eine Schneeflocke von meinem Nasenrücken und sah aus dem Augenwinkel, dass Paul zu mir hochblickte. Seine Augenbrauen gehoben.

„Eine gute Frage“, hatte ich ihm zuvor bescheinigt – mit langgezogenem ‘u’. Das war immer meine Antwort, wenn ich keine Antwort hatte.

Warum also hatte mein Sohn kurz hintereinander zwei Nikoläuse gesehen? Beide einen Kopf kleiner als ich, wobei man aus der Körperfülle des einen gut und gern zwei hätte kneten können. Womit ich wieder beim Thema war.

„Papa?“

„Ja?“ Diesmal dehnte ich kräftig das ‘a’. Ich brauchte Zeit zum Nachdenken.

„Wir fragen einfach daheim die Mama.“

Diese ultimative Drohung heizte meinem Gehirn ordentlich ein und brachte mich schließlich auf eine Idee. „Hab ich dir eigentlich schon vom Krampus erzählt?“

„Ja klar, dem mit der Rute, oder?“

„Genau. Der die bösen Kinder bestraft.“

„Den mag ich aber nicht.“ Paul sah mich aus verengten Augenschlitzen an, als ob ich etwas dafür könnte.

„Das ist egal, ob du den magst oder nicht. Hast du ihn denn heut schon gesehen?“

Paul schüttelte langsam den Kopf. Die Ampel sprang auf Grün. Wir überquerten die Straße und sahen vor uns bereits den Haidhauser Weihnachtsmarkt.

„Warum arbeitet der Krampus heute nicht, Papa?“

„Du möchtest wissen, wie es dazu kam?“

Pauls Zipfelmütze vollführte einen Tanz, als er nickte. Wir setzten uns auf eine Bank mit Blick auf den Glühweinstand.

„Dann hör gut zu …

… Vergangene Woche trafen sich Nikolaus und Krampus wie üblich in der Bar am Nordpol. Um sich für den Nikolaustag zu besprechen. Als der Nikolaus die Bar betrat, musste er den Krampus eine Weile suchen. Schließlich fand er ihn in der hintersten Ecke.

‘Grüß dich, Kramperl, warum schaust du denn so grimmig?’

‘Ich habe nachgedacht.’

‘Oha, nachgedacht – aber worüber denn, Kramperl?’

Bei ‘Kramperl’ zog Krampus jedes Mal kurz die Mundwinkel nach unten.

‘Über meine Arbeit.’

‘Oho – willst du etwa mehr Geld?’

Der Nikolaus zog seine pelzigen Augenbrauen zusammen.

‘Nein, darum geht es nicht, Nikolaus. Ich will ...’

Krampus wandte seinen Blick vom Nikolaus ab und sah zur Theke, an der bereits einige Engel Schräglage hatten.

‘Was willst du, Krampus?’ Die Augenbrauen des Nikolaus berührten sich nun fast.

‘Ich will – dass mich die Kinder mögen.’

Der Nikolaus schnaubte durch die Nase und sagte nichts.

‘Dich lieben sie, weil du ihnen Geschenke bringst, und mich – mich hassen sie.’ Die zusammengepressten Lippen des Krampus waren nur mehr ein dünner Strich inmitten seines dichten Vollbarts.

‘Aber einer muss sie doch bestrafen, Kramperl, sonst ...’

‘Sonst was? Die Kinder, die ich im Jahr zuvor bestraft habe, sind im Jahr darauf meist wieder an der Reihe. Das bringt doch nichts!’

Der Nikolaus strich sich drei Mal über seinen Bart, bevor er antwortete. ‘Das mag ja sein, aber du weißt, dass wir nicht genügend Geschenke haben, dass alle Kinder eines bekommen können. Da muss man halt aussieben.’

‘Aber warum immer ich? Warum kannst nicht mal du strafen und ich schenken?’

Der Nikolaus schnellte in seinem Stuhl nach hinten, als ob ihn jemand vor die Brust geschlagen hätte. ‘Ja klar, am besten wir benennen den Nikolaustag gleich um – in Krampustag! Oder wir ...’

‘Nein, nein! Alles, was ich will, ist doch nur, auch mal ein paar Geschenke zu verteilen.’

Der Bart des Nikolaus schwenkte wie ein Uhrpendel hin und her, als er seinen Kopf schüttelte.

‘Komm, Sankt Nikolaus, nur für ein Jahr. Probeweise.’

Nun war es der Nikolaus, der seinen Blick zur Theke schweifen ließ. Zwei Engel hatten sich inzwischen an den Flügeln untergehakt.

‘Aber nur für ein Jahr! Und nur in einer Stadt. Und zwar in ...’“

„München!“ Die Lichter des Glühweinstandes spiegelten sich in Pauls geweiteten Augen. „Krampus darf in München Geschenke verteilen!“

„Genau, Paul. So hat sich der Nikolaus entschieden.“

„Dann war einer von den beiden vorhin ... Aber warum hatten sie beide Nikolaus-Sachen an?“

„Na ja, wenn der Krampus seine braune Kutte anbehalten hätte, wären die Kinder doch vor lauter Angst weggelaufen.“

Paul nickte. Er lächelte, als wir uns von der Bank erhoben und den Weißenburger Platz Richtung Ostbahnhof verließen.

„Und woher weißt du das mit den beiden?“

„Hab ich gelesen.“

„In der Zeitung?“

„Äh – ja.“

Als wir den Pariser Platz erreichten, badete ich immer noch in meinem Erfolg. Von wegen „daheim die Mama fragen“! Wir umrundeten den Platz im Halbkreis, bogen in die Weißenburger Straße ein und – da stand er plötzlich vor uns. Groß. So groß, dass ich meinen Kopf in den Nacken legen musste, um ihm ins bärtige Gesicht zu blicken.

Ein dritter Nikolaus.

Timo Anger

Weihnachten 1982

Irgendwie hatte ich das Gefühl, ihn schon immer gekannt zu haben. Ich erinnere mich aber noch genau, wie er das erste Mal in unsere Klasse kam.

„Das ist Friedolin“, stellte unsere Lehrerin, Fräulein Seibert, ihn uns vor. Ich kann mich noch an seine riesige Zahnlücke erinnern, die damals eigentlich jeder von uns Schulanfängern hatte. Aber bei ihm wirkte sie doppelt so groß wie bei allen anderen. Ich kann mich an das schallende Gelächter erinnern, nachdem Fräulein Seibert seinen Namen genannt hatte.

An diesem Tag sagte er nichts, kein Wort. Ich glaube, er hatte einfach ein bisschen Angst. Und ich kann mich auch an die Träne erinnern, die über seine linke Wange kullerte, als er merkte, dass die ganze Klasse über ihn lachte. Und ich denke, diese Träne war es, die mich dazu bewegte, meinen Mund zu halten. Nicht zu lachen wie die anderen, sondern mir mein schadenfrohes Glucksen zu verkneifen.

Er sah aber auch zu drollig aus, wie er da stand. Mit seinen knallroten, struppigen Haaren und seiner winzigen Stupsnase. Und seinem rechten Auge, das so merkwürdig starr ins Leere blickte. Erst später erfuhren wir, dass er ein Glasauge hatte. Sein richtiges Auge hatte man ihm herausnehmen müssen, weil er eine Geschwulst im Kopf hatte.

An diesem Tag gingen Friedolin und ich schweigend den Weg zusammen nach Hause. Wir sprachen die ganze Zeit über kein einziges Wort. Am nächsten Morgen trafen wir uns auf dem Weg zur Schule und gingen das letzte Stück gemeinsam. Aber gesprochen haben wir auch da nicht miteinander. Wenn ich es mir heute überlege, kommt es mir seltsam vor, aber wir haben während der ganzen Zeit, die wir zusammen zur Schule gingen, es waren fast sechs Monate, kaum ein Wort miteinander gewechselt. Doch damals fand ich das irgendwie ganz normal. Jeden Morgen trafen wir uns, gingen zusammen zur Schule, schweigend, anschließend wieder nebeneinander her den ganzen Weg bis nach Hause. Schweigend. In der Schule ertrug er tapfer die Grausamkeiten, die wir ihm antaten. Wortlos. Er wurde in die Mülltonne gestopft, an der Fahnenstange hochgehisst, mit Farbe angemalt und seine Hefte wurden mit Klebstoff verschmiert. Wenn jemand „Der Friedolin ist hässlich" auf die Tafel geschrieben hatte und Fräulein Seibert fragte, wer das gewesen sei, deuteten alle auf Friedolin. Er sagte nichts. Nickte nur. Sein Auge schaute Fräulein Seibert an. Das Glasauge starrte mich an. Offen und vorwurfsvoll. Und ich konnte wieder die Träne sehen, die über seine linke Wange kullerte.

Und ich? Ich sagte nichts. Sah angestrengt aus dem Fenster, weil ich den Blick seines Glasauges nicht ertrug, und kaute auf meinem Bleistift herum.

Und dann kam der Tag, an dem er nicht mehr morgens an seinem Gartenzaun auf mich wartete, damit wir gemeinsam zur Schule gingen. Er blieb einfach weg. Fräulein Seibert erklärte uns, dass sich sein Gesundheitszustand sehr verschlechtert hätte. Er müsste nun erst mal zu Hause bleiben und gesund werden.

Aber Friedolin wurde nicht wieder gesund. Als er nach drei Wochen immer noch nicht zur Schule gekommen war, ging ich ihn besuchen. Seine Mutter führte mich in sein Zimmer, und da lag er und starrte durch mich hindurch. „Wer ist da?", fragte er seine Mutter. Diesen Augenblick werde ich nie vergessen.

„Er kann dich nicht sehen", sagte seine Mutter leise zu mir. „Der Tumor hat leider auch das andere Auge kaputtgemacht." Und: „Friedolin, hier ist Tim, dein Freund aus der Schule!"

Sie ging hinaus und ich setzte mich zu ihm ans Bett. Er sah furchtbar aus. Schmal und abgekämpft. Er aß den Pfannkuchen, den ich ihm von meinem Mittagessen mitgebracht hatte. Mit Erdbeerkonfitüre.

Nachdem er fertig gegessen hatte, lächelte er seine Füße an. „Wie geht es Fräulein Seibert?", fragte er.

„Ganz gut, glaub ich“, sagte ich.

Zwei, vielleicht drei Minuten beobachtete ich seinen starren, versonnen lächelnden Gesichtsausdruck. Ich konnte mir einfach nicht vorstellen, dass er mich nicht mehr sehen konnte.

„Ich glaube, ich werde sie eines Tages heiraten“, sagte er mit zitternder Stimme.

Ich nickte. Spürte irgendwie einen dicken Kloß im Hals und wusste nicht, ob ich lachen oder weinen sollte.

In den nächsten Wochen besuchte ich ihn jeden Tag. Unsere Gespräche wurden immer angeregter. Ich hatte den Eindruck, dass er umso redseliger wurde, je schlechter es ihm ging. Etwa so, als ob er spürte, dass uns nicht mehr viel Zeit blieb und er unbedingt noch einiges loswerden müsste.

Einmal erzählte er mir von seiner Schwester. „Sie lebt in Ostberlin. Darum kann sie mich auch nicht besuchen kommen. Aber sie hat mich lieb und denkt viel an mich und ich denke auch viel an sie. Ich weiß noch genau, wie sie aussieht. Sie ist wunderschön, mit ganz viel blonden Haaren. Ein bisschen wie Fräulein Seibert. Aber nur ein bisschen.“ Natürlich hatte er überhaupt keine Schwester. Aber er hätte gerne eine gehabt. Und wenn sie sowieso in Ostberlin wohnte und ihn nicht besuchen konnte – was machte es dann für einen Unterschied, ob es sie gab oder nicht?

Und wir sprachen auch viel über Weihnachten. Es war ja schon Mitte Dezember, und da musste über so etwas gesprochen werden. Auch wenn ihm das Reden zunehmend Mühe bereitete und seine Mutter nicht erlaubte, dass ich ihn sehr lange besuchte.

„Bei uns ist Weihnachten jedes Mal anders“, erzählte er. „Immer neu. Darauf freue ich mich so. Es gibt immer eine große Überraschung. Das Schönste ist die Bescherung. Letztes Jahr hat mir meine Mutter ein Bild gemalt, mit Ölfarben. Mich, wie ich auf einer Wiese stehe, mit Kühen und Schafen.“ Er zeigte mir das Bild und ich sagte ihm, wie schön ich es fände.

„Bei uns ist Weihnachten eigentlich immer gleich“, entgegnete ich dann. „Auch die Bescherung ist jedes Jahr gleich. Aber darauf freue ich mich, weil ich weiß, dass es immer lustig wird.“

Zum Abschied schenkte er mir sein Ölbild. Wie er auf einer Wiese steht, mit Kühen und Schafen. Er könne es ja sowieso nicht mehr ansehen, meinte er.

Sein Leben endete am 23. Dezember 1982. Als ich ihn sah auf seinem Bett, die Hände gefaltet und die Augen geschlossen, lag ein feierlicher Ausdruck auf seinem schmalen Gesicht. Doch man konnte deutlich sehen, dass über seine linke Wange eine Träne gekullert war.

Die Bescherung am nächsten Tag war eigentlich wie immer.

Nur sehr, sehr traurig.

Das Bild, Friedolins Weihnachtsgeschenk, habe ich noch heute. Es hängt bei mir im Flur.

Sabine Ludwigs

Der stille Herr Jakob

Am ersten Ferientag wachte Lilly sehr spät auf. Sie gähnte, kletterte aus dem Bett und lief zum Fenster. Mit einem Knall ließ sie das Rollo hochsausen.

Grauweiße Wolken hingen über der Stadt und mit einem Male tanzte eine dicke Schneeflocke vom Himmel, danach eine zweite, und schon war es ein fedriges Gewimmel.

„Hurra!", schrie Lilly. „Es schneit!"

Unten auf der Straße ging der stille Herr Jakob vorbei, und den mochte Lilly gern.

Jeder im Ort kannte den stillen Herrn Jakob, der in einer Gartenlaube am Ende der Straße wohnte. Er war ein schmächtiger Mann mit braunen Locken, der sehr leise und nur selten sprach. Er trug stets eine gelbe Kappe und besaß eine kleine, silberne Flöte.

Mit dieser Flöte verdiente der stille Herr Jakob sein Geld, denn er war Straßenmusikant – mehr noch, er war der beste Straßenmusikant der Welt, fand Lilly. Wenn er flötete, legte er die gelbe Kappe vor seine Füße, damit die Leute ihm ein paar Münzen hineinwarfen.

Lilly ließ ihn nicht aus den Augen. Obwohl er ganz allein durch den Schnee spazierte, schaute er immer wieder zur Seite, als würde jemand neben ihm hergehen. Manchmal nickte er oder bewegte die Lippen, ganz so, als würde er sich unterhalten.

Lilly wusste, das passierte öfter. Deshalb lachten die Leute über den stillen Herrn Jakob, tippten sich an die Stirn und sagten: „Der spinnt! Er behauptet, dass er mit Engeln spricht!"

Plötzlich blieb er stehen und guckte zu Lilly hinauf. Sie winkte und er lächelte. Dann ging er weiter.

Von weitem leuchtete seine gelbe Kappe wie ein Stern.

Am Nachmittag bummelte Lilly mit ihrer Mutter über den Weihnachtsmarkt.

Ein süßer Duft von Bratäpfeln, Zimt und Vanille zog durch die Gassen, dass einem das Wasser im Mund zusammenlief. Weihnachtslieder, Stimmen und Gelächter waren zu hören, ein Kinderkarussell mit Holzpferdchen drehte sich, doch am schönsten fand Lilly den riesigen Tannenbaum mit den brennenden Lichtern inmitten der geschmückten Holzbuden. Hier konnte man Tee kaufen, Süßigkeiten, Spielzeug, Bratwürste oder Weihnachtsschmuck.

Lillys Mutter blieb an einem Kerzenstand stehen, und da entdeckte Lilly ihn: Zwischen den Buden, in einem ruhigen Winkel, spielte der stille Herr Jakob auf seiner kleinen Flöte.

Die Passanten gingen wie Blinde an ihm vorbei. Keine Menschenseele hörte zu, niemand – außer Lilly.

Die Melodie, die aus der Silberflöte stieg, wisperte und raunte geheimnisvoll. Es klang beinahe, als wäre es Geflüster, wie kaum hörbare Worte, die eine Geschichte erzählten, so leise, dass Lilly zu ihm hinging, um besser zu verstehen.

Aus der Nähe sah der stille Herr Jakob noch kleiner und magerer aus. Schneeflocken schmolzen in seinen Haaren. Sein Mantel war schäbig und die gelbe Kappe vor seinen Füßen leer.

Lilly kramte in ihrer Jackentasche und warf die letzte Münze ihres Taschengeldes hinein.

Sie lauschte dem Getuschel der Musik, als sich etwas veränderte. Lilly kniff die Augen zu und riss sie wieder auf: „Aber ... das ist unmöglich“, dachte sie. „Ein Lied, das man sehen kann!“

Doch genau so war es – Lilly hörte und sah die Musik: Die Töne waren aus himmelblauem Licht, goldene Pünktchen schwirrten wie Feuerfunken umher. Die Schneeflocken um den stillen Herrn Jakob verschmolzen mit den Klängen, wurden bunt und setzten sich wie Mosaiksteichen zu Bildern zusammen.

Da war ein funkelnder Nachthimmel und ein wandernder Stern, Lilly sah Schafe, Hirten und die drei Weisen auf ihren Kamelen, sie hörte einen Chor und erblickte einen Engel, der über einem Stall schwebte, da war ein Licht ... und ein Kind.

Als das Lied zu Ende ging, fühlte Lilly sich, als wäre sie aus einem wunderbaren Traum erwacht. Ungläubig starrte sie erst den stillen Herrn Jakob und danach die Menschen an. Die strömten noch immer vorüber und hatten nichts von alledem gesehen.

Der stille Herr Jakob stand einfach nur da, die Flöte in der Hand.

„Oh", hauchte Lilly, „das ist ... das war wunderbar! Woher können Sie das, Herr Jakob?"

Er deutete mit der Flöte in Richtung Himmel. „Meine Freunde haben es mir beigebracht."

„Ihre Freunde?"

Er nickte. „Meine Freunde ... die Engel."

Lilly bekam eine Gänsehaut. In diesem Augenblick hörte sie ihre Mutter rufen und stotterte: „Ich ... ich muss jetzt leider gehen. Also ... Tschüss, Herr Jakob."

Lilly hockte auf der Fensterbank in ihrem Zimmer und überlegte, ob sie ihrer Mutter die ganze Geschichte erzählen sollte – denn das war so eine Sache mit Erwachsenen.

Draußen sah es aus wie in einer Schneekugel, die jemand geschüttelt hatte. Eine einsame Gestalt stapfte durch das Schneegestöber. Lilly ging mit ihrem Gesicht ganz nahe an die Fensterscheibe und hielt den Atem an, damit das Glas nicht beschlug. Angestrengt schaute sie in die taumelnden Flocken und erkannte den stillen Herrn Jakob.

Das Gelb seiner Kappe leuchtete wie ein Stern, und für einen klitzekleinen Augenblick glaubte Lilly, neben ihm ein Paar Flügel zu sehen.

Vielleicht waren es aber auch nur die Schneeflocken.

Eva Markert

Ein rabenschwarzer Tag

Kathi nahm es sich immer wieder ganz fest vor: genau zuhören, aufschreiben, was die Lehrer sagten, und morgens noch mal nachgucken, ob sie auch wirklich alle Schulsachen eingepackt hatte.

Aber aus irgendwelchen Gründen klappte das nur selten. Manchmal konnte sie einfach nicht zuhören oder die Zeit reichte morgens nicht, um in den Rucksack zu schauen.

Darüber ärgerte sich Kathi, aber noch viel mehr ärgerten sich ihre Eltern und Lehrer. Meistens regten sie sich dermaßen auf, dass sie nicht nur meckerten, sondern sich etwas Unangenehmes einfallen ließen. „Einen Denkzettel" nannten sie das. Dann musste Kathi eine Stunde länger in der Schule bleiben und Hausaufgaben nachmachen, die sie vergessen hatte. Oder sie durfte nachmittags nicht zu ihrer Freundin zum Spielen gehen, sondern sollte stattdessen ihr Zimmer aufräumen, die Rechenaufgaben noch mal sauber abschreiben oder irgend so was Blödes.

Und heute war wieder solch ein rabenschwarzer Tag. Die letzte Stunde fiel aus, doch Kathi hatte gar keine Lust, nach Hause zu gehen. Mit gesenktem Kopf schlich sie die Straße entlang.

Alles nur wegen diesem dämlichen Rechenheft! Hätte sie das nicht vergessen und deshalb ein Blatt hinten aus dem Sachkundeheft herausgerissen, hätte sich die Seite nicht gelöst, auf der die Hausaufgabe für Sachkunde stand, und dann wäre diese Seite nicht herausgefallen und Kathi hätte ihre Aufgabe vorzeigen können.

Sie seufzte.

Nun stand in roter Tinte eine Nachricht vom Sachkundelehrer im Heft und Mama sollte unterschreiben.

Warum musste das bloß passieren? Ausgerechnet jetzt, wo sie doch morgen mit Mama ins Kino gehen und sich den Film über Tino, den Weihnachtswichtel, anschauen wollte. Die meisten in der Klasse hatten den Film schon gesehen und fanden ihn toll. Aber den Kinobesuch konnte sie sich nun wohl unter die Schuhsohlen schmieren.

Kathi schloss die Haustür auf und horchte in die stille Wohnung hinein. Mama war anscheinend noch nicht von der Arbeit zurückgekommen.

Als sie in die Küche trat, traute sie ihren Augen nicht. Da, mitten auf dem Tisch, stand Tino, der Weihnachtswichtel! Er trug eine braune Hose und eine grüne Jacke, genau wie im Film, und unter seiner roten Zipfelmütze quollen weiße Haare hervor. Es sah so aus, als ob Tino gerade bei der Arbeit wäre, denn neben ihm lagen eine Schachtel, Weihnachtspapier, Tesafilm, eine Schere und goldenes Geschenkband.

Aus freundlichen schwarzen Knopfaugen lächelte er ihr entgegen.

„Tino!“, rief Kathi.

Doch der Wichtel rührte sich nicht.

Erst jetzt merkte sie, dass er eine Puppe war.

„Ach, wie süß!“ Sie setzte sich an den Tisch, nahm Tino auf den Schoß und streichelte sein feines, weiches Haar. „Wie kommst du denn hierher?“

Im Flur waren Geräusche zu hören.

„Mama!“ Kathi sprang auf und lief ihr entgegen.

„Nanu? Wieso bist du denn schon da?“, fragte sie.

„Die letzte Stunde ist ausgefallen. Sieh mal, was ich auf unserem Küchentisch gefunden habe!“ Kathi hielt ihr den Wichtel entgegen.

Mama riss die Augen auf. „Oh je!“, sagte sie. „Den hat wahrscheinlich das Christkind hier vergessen.“

„Vergessen.“ Dieses Wort erinnerte Kathi an etwas. Sie schaute auf ihre Schuhspitzen.

„Sicher musste das Christkind plötzlich weg und hatte keine Zeit mehr, das Geschenk richtig einzupacken“, fügte Mama hinzu.

Kathi hob den Kopf. Jetzt oder nie! „Findest du es eigentlich schlimm, dass das Christkind einen Fehler gemacht hat?“, fragte sie.

Mama schüttelte den Kopf. „So was kann jedem passieren. Sogar dem Christkind."

„Mir ist da nämlich auch was passiert", begann Kathi. Und dann erzählte sie die dumme Sache mit der Hausaufgabe für Sachkunde. „Aber wenn selbst das Christkind ab und zu mal was falsch macht", sagte sie zum Schluss, „kann man es mir doch nicht übelnehmen, oder?"

Mama runzelte die Stirn. „Du machst aber erheblich öfter was falsch als das Christkind, das muss ich schon sagen", wandte sie ein. „Ich denke, aus unserem Kinobesuch wird erst mal nichts."

„Ach, Mama!", bettelte Kathi. „Ich hatte die Aufgabe für Sachkunde doch gemacht." Plötzlich fiel ihr etwas ein. „Bestimmt will das Christkind auch, dass wir ins Kino gehen", setzte sie hinzu. „Sonst hätte es uns den Tino nicht vorbeigebracht."

Mama nahm ihr den Wichtel aus der Hand und ging in die Küche. „Ich werde ihn für das Christkind einpacken", sagte sie. „Heute Abend kommt es übrigens vorbei. Dann frage ich mal. Vielleicht denkt es tatsächlich, wir sollten uns den Film trotzdem anschauen."

„Oh, danke, Mama!" Kathi freute sich, denn sie wusste: Das Christkind würde ganz bestimmt nichts dagegen haben!

Luzia Fischer

Balthasar

Steil bergauf schlängelte sich der Hohlweg durch den dunklen, verschneiten Fichtenwald. Die Äste hingen tief herab und tropften unaufhörlich. Wasserrinnsale durchfurchten den harschen Schnee, sammelten sich zu kleinen Bächen und plätscherten quer über Schotter und Geröll.

Bei jedem Schritt gluckerten seine Lederstiefel im unsteten Takt der tropfenden Äste. Die Gurte des Armeerucksacks schnitten in seine hageren Schultern. Obwohl sich darin nur seine wenigen Habseligkeiten befanden, drückte ihn das Gewicht fast zu Boden.

Er blieb kurz stehen, atmete tief die nasskalte Luft ein und blickte zum Himmel auf. Er war grau und trüb wie seine Gedanken.

Sein Onkel war nicht gekommen, um ihn am Bahnhof abzuholen. Dabei hatte er es nach der Beerdigung fest versprochen. Lange hatte er in dem zugigen Granitgebäude ausgeharrt, bis ihn der Bahnhofsvorsteher fortjagte wie einen Hund.

Keuchend stapfte der Junge weiter. Endlich konnte er Häuser mit schwarzen Schieferdächern ausmachen. Sie duckten sich unterhalb eines gewaltigen Granitbrockens zusammen. Nur die Dorfkirche erhob sich etwas außerhalb auf einem felsigen Hügel.

Sein Herz flatterte wie ein verängstigter Vogel, als er sich dem abgelegenen Bergdorf näherte. Er hörte einzelne Stimmen, dann aufgeregtes Kindergeschrei.

„Die Leute sind verschlossen und hart wie der steinige Boden, den sie bearbeiten“, hatte ihn sein Onkel gewarnt. „Erwarte lieber nichts.“

Kinder unterschiedlichen Alters tobten auf dem matschigen Dorfplatz herum, dass es nach allen Seiten nur so spritzte. Sie spielten „Blindekuh“, kreischten, stoben auseinander, sobald der stämmige Kerl mit den verbundenen Augen auf sie zukam.

Abrupt brach das Geschrei ab. Alle wichen vor dem fremden Jungen zurück. Furcht und Verwunderung spiegelten sich in ihren mit Matsch besprenkelten Gesichtern.

Der Stämmige riss sich das bunte Tuch von den Augen und beäugte ihn kurz. Dann baute er sich breitbeinig vor ihm auf und stemmte die Arme in seine Seiten.

„Wer bist denn du? Was willst?“, bellte er.

Außer dem Stämmigen wagte niemand ihn anzusprechen. Ein Mädchen mit rotblonden Haaren stand abseits, als würde sie nicht dazugehören. Sie musterte ihn mit offener Neugier.

„Balthasar!“

Ein hagerer Mann, Mitte dreißig, eilte auf ihn zu. Über seinem derben Alltagsgewand trug er eine blutige Arbeitsschürze. „Gott sei Dank! Da bist du ja!“

Er griff nach seiner schmalen, verkrampften Kinderhand und zog ihn schleunigst fort.

„Grad jetzt musste die Lise kalben. Bestimmt bist du recht durchgefroren und hungrig.“

Balthasar stolperte neben seinem Onkel her, er konnte kaum Schritt halten. Der Hof, auf den sie zuliefen, unterschied sich nicht von den anderen. Das niedrige Wohnhaus lehnte sich an die Stallungen, als müsste es sich abstützen. Einige Ster Holz lagen aufgeschichtet neben der Eingangstür. Auf dem Misthaufen gackerten scharrend und pickend die Hühner.

Sein Onkel musste den Kopf einziehen, als er die Haustür aufstieß und eintrat. Der Hausgang gähnte leer und dunkel vor ihnen.

„Gertrud!“, rief er, während er seine schmutzige Schürze an einen schlichten Haken hängte. „Er ist da!“

Die rußgeschwärzte Küche war der einzige beheizbare Raum im Haus. Durch die kleinen Fenster fiel trübes Licht.

„Setz dich, Balthasar, und zieh deine nassen Stiefel aus! Gertrud wird dir eine heiße Milch mit Honig machen.“

Die heiße Milch machte der Onkel schließlich selbst, denn die Tante ließ sich nicht blicken. Nach der Abendvesper wurde Balthasar in ein winziges Zimmer unter dem Dach geführt.

„Das war die Kammer von unserem Maxl“, sagte der Onkel feierlich. „Vier Jahre ist das schon her. Gott hab ihn selig.“ Mit einem „Gute Nacht, schlaf gut!“ fiel die Tür hinter ihm zu.

Balthasar war allein.

Er schlurfte müde zum Fenster und blickte lange zum Nachthimmel auf. Kein einziger Stern war zu sehen. Dabei hatte er so gehofft, dass es aufklaren würde. Er hörte seine Mutter, als würde sie neben ihm stehen und ihm ins Ohr flüstern: „Halte nach dem hellsten Stern Ausschau, Balthasar!“

Erst als er begann, vor Kälte zu zittern, kroch er unter die schwere, mit Gänsefedern gefüllte Zudecke.

Von unten polterten Stimmen bis zu ihm hinauf in die Dachkammer.

„Bis Nachricht aus Übersee kommt, das dauert seine Zeit, Gertrud! Ist ja auch ein weiter Weg von hier nach dort.“

„Über zehn Jahre ist es schon her, dass sein Vater nach Amerika zurück ist. Glaubst du wirklich, dass der noch was von seinem Kind wissen will? Lange bleibt der Bub von deiner Schwester nicht auf unserem Hof!“

Die Frauenstimme klang zornig.

Balthasar drückte die eiskalten Hände an seine Ohren, so fest er nur konnte, und rollte sich unter der schweren Zudecke zusammen. Tränen liefen über seine Wangen. Sein Onkel wollte ihn also auch nicht.

Dennoch heftete er sich an dessen Fersen, folgte ihm überall hin und half bei der Arbeit, so gut er konnte. Der Onkel war freundlich zu ihm und erklärte ihm alles. Gertrud hingegen sprach kaum ein Wort mit ihm. Höchstens: „Iss!“ oder „Wasch dich!“, „Geh zu Bett!“, „Geh mir aus dem Weg!“

Im Stillen gab er ihr den Namen „Vogelnest“, weil sie diese kreisrund geflochtene Frisur trug. In der Stadt hatten die Frauen keine Vogelnester auf ihren Köpfen.

Bevor die Abenddämmerung kam, schickte ihn das „Vogelnest“ zur Nachbarin, um Wolle zu holen. Er hatte sich kaum vom Hof entfernt, als er von den Dorfkindern umringt wurde.

„Bankert, Bankert!“, schrien sie hämisch. „Du bist ein Ami-Bankert!“

Der stämmige Junge, der sich bereits bei seiner Ankunft als Anführer hervorgetan hatte, versetzte ihm einen Stoß gegen die Brust, dass er rücklings in den Schneematsch fiel.

„So was wie dich wollen wir hier nicht! Verschwinde, oder es setzt was!“

Einer spuckte ihn an, ein anderer trat gegen sein Schienbein. Alle lachten, bis auf das rotblonde Mädchen. Sie stand mit hängenden Schultern da, die Augen erschrocken aufgerissen.

Balthasar rappelte sich auf und lief los. Er rannte wie noch nie in seinem Leben. Die Dorfkinder folgten ihm kreischend.

Keuchend lief er auf die Kirche zu, den felsigen Hügel hinauf und hoffte nur, dass die schwere Holztür nicht verschlossen war. Er hatte Glück. Mit aller Kraft stemmte er sie auf und huschte in den rettenden Raum.

Von draußen hörte er ein Murren, dann wurden die Stimmen lauter. „Komm raus, Bankert! In der Kirche hast du nichts verloren!“

Erschöpft lehnte sich Balthasar an die weiß getünchte Wand. Jacke und Hose klebten eiskalt an seiner Haut, zitternd verharrte er.

Die Dorfkinder lauerten vor der geschlossenen Tür, doch ins Innere der Kirche wagten sie sich nicht. An einem heiligen Ort durften keine Streitigkeiten ausgetragen werden.

Der Junge sah sich um. Kerzen brannten auf einem Metallgestell vor dem steinernen Altar. Das ewige Licht flackerte rot und geheimnisvoll.

Neben dem einzigen Beichtstuhl stand eine Weihnachtskrippe auf einem mit Samt bespannten Tisch. Die hölzernen Figuren waren bunt bemalt.

Die Heiligen Drei Könige, Kaspar, Melchior und Balthasar, standen vor dem einfachen Stall mit dem Jesuskind.

Vorsichtig nahm er seinen Namenspatron in die Hand und betrachtete ihn. Was hatten die Kinder geschrien? „Einer wie du hat in der Kirche nichts verloren?"

Durch die bleiverglasten Fenster fiel kaum mehr Licht. Bald wurde es dunkel, und er sollte doch die Wolle holen. Balthasar streckte sich, versuchte das Zittern in seinen Gliedern zu unterdrücken. Dann öffnete er entschlossen die Kirchentür und trat nach draußen.

Schweigend standen sie da und warteten darauf, dass der Stämmige den ersten Schritt machte. Bevor ihr Anführer handeln konnte, riss Balthasar seine Hand hoch, die Figur fest umschlossen.

Ungläubig starrten sie auf den hölzernen Balthasar, dann auf ihn. Der heilige König war sogar um einiges dunkler als er, hatte wulstige, rote Lippen und auffallend große Augen.

Staunend wichen sie vor ihm zurück, ehrfürchtig und auch beschämt. Sie verstanden sehr wohl, was Balthasar ihnen damit sagen wollte. Mit hängenden Köpfen zogen sie sich schließlich zurück. Nur das rotblonde Mädchen blieb. Sie musste ungefähr so alt sein wie er. Jetzt lächelte sie schüchtern, ging auf ihn zu und strich mit ihrem Zeigefinger über seine Wange. Verblüfft betrachtete sie ihre Fingerkuppe. „Mein Vater ist zwar ein rechter Saufkopf", sagte sie geradeheraus, „aber diesmal hat er die Wahrheit erzählt. Du färbst wirklich nicht ab."

Sie stellte sich ein wenig auf die Zehenspitzen, hielt sich an seinen Ohren fest wie an einem Topf mit zwei Henkeln und drückte ihm einen feuchten Kuss mitten auf den Mund.

Ehe er begreifen konnte, was gerade geschah, hüpfte sie auch schon ausgelassen davon.

Seltsamerweise wurde ihm ganz warm ums Herz, ganz leicht, und die Kälte in seinen Gliedern schmolz dahin.

Am Tag darauf kam der stämmige Kerl auf den Hof. Er stand vor der Haustür und trat von einem Fuß auf den anderen. „Der Pfarrer lässt fragen, ob du beim Sternsingen mitmachen willst. Wir würden uns auch die schwarze Schuhwichse sparen, für den Balthasar …, Balthasar."

Der stämmige Junge grinste, und mit einem Mal wusste Balthasar, dass sich auch Menschen aus Granit erweichen ließen. Den Ami-Bankert gab es nicht mehr.

In dieser Nacht blickte er wieder aus seinem Kammerfenster. Er hatte viel zu erzählen, auch dass der Brief nach Übersee ungeöffnet zurückgekommen war. Sein Onkel betrachtete den Brief sehr lange, drehte ihn zwischen seinen großen Händen hin und her, dann lächelte er zufrieden.

Wolken schoben sich auseinander, zuerst ein wenig, dann weiter und weiter.

„Halt nach dem hellsten Stern Ausschau!", hörte er seine Mutter flüstern.

Balthasar betrachtete den leuchtenden Stern in der Ferne. Es war ein Gruß von seiner toten Mutter.

Antonia Stahn

Liebe … ist viel mehr als nur ein Wort

„Mein Gott! Das arme Kind!“ Sanfte Hände berühren den geschundenen Körper.

Das Kind zuckt ein wenig zusammen, seine Augenlider flattern wie Schmetterlingsflügel. Aber das kleine Wesen öffnet die Augen nicht. Es hat Angst. Angst vor den Händen, die es abtasten.

Wo bleibt der Schmerz? Angstvolles Warten. Hände tun weh! Große! Kleine! Weiche! Hände mit dicken Wurst- oder harten und dünnen Spinnenfingern. Mama hat gesagt, dass sie es aus Liebe tun. Aber warum tut die Liebe so weh, Mama?

Von dem Geschehen in der Ambulanz bekommt das Kind kaum etwas mit. Zum ersten Male verspürt es Hände, die gut zu ihm sind. Ein neues Gefühl durchflutet den Körper, lässt Schmerz und Angst vergessen.

Hin und wieder hört es Worte. „Blutverlust! Sehr wahrscheinlich innere Verletzungen. Operation vorbereiten!“

Bewegungslos liegt das Kind da. Den Stich der Injektionsnadel nimmt es ruhig hin.

Sekunden nur währt die Dunkelheit. Sie verliert sich in einem strahlenden Licht. Mühelos verlässt der Geist den Körper, will in die Helligkeit hineintauchen. Eine Stimme, ungleich schöner als das Licht, fordert die kleine Seele auf zu bleiben. „Halt! Warte, mein Kind! Entscheide dich nicht zu früh. Nutze die Zeit, die dir gegeben wird. Eine Reise in die Vergangenheit wird dich zum Ursprung des Seins führen.“

„Was ist der Ursprung des Seins?“, fragt das Kind.

„Die Liebe! Sie zu finden ist der Sinn deiner Reise“, erklärt die Stimme.

Verzweifelt schüttelt das Kind den Kopf, stöhnt auf. „Bitte, bitte! Nie mehr will ich Liebe. Sie tut so weh!“

Ein Streicheln über die Wange. „Nicht Liebe – Leid hat dein Leben bestimmt! Doch diese Zeit liegt hinter dir. Leb wohl, kleiner Mensch!“

Einige Augenblicke verharrt das Kind im zeitlosen Raum. Dann läuft es los. Schwerelos gleitet es durch die Jahrhunderte und sieht Menschen in ihrer Zeit. Soldaten, die mit Begeisterung – aus Liebe zum Vaterland – in den Krieg ziehen. Herrscher, die ihr Volk aus purer Liebe unterdrücken. Kirchenfürsten, die den Menschen mit aller Gewalt den Glauben an die Nächstenliebe aufdrängen. Kinder, deren Leid nicht enden will. Menschen, deren Liebe mit Füßen getreten wird. Andere, die an verschwendeter Liebe zerbrechen. Der Geist des Kindes öffnet sich, wird groß und weit. Es versucht, die Menschen in ihrer Mannigfaltigkeit zu begreifen. Denn nicht nur Schlechtes sieht es. Menschen, die aufrichtig lieben. Kinder, die glücklich sind. Selbstlos Liebende. Menschen, die anderen helfen, ohne Dank zu erwarten. Das Leben in seiner unendlichen Vielfalt bietet sich dem Kind dar. Angst, aber auch Freude erfüllen sein Denken.

Das Kind befindet sich im Jahre null unserer Zeit. Sternenklar ist die Nacht. Menschen wandern über ein Feld. Ihr Ziel ist eine Grotte in den aufragenden Felsen. Ein Paar nimmt das Kind in seine Mitte.

„Komm mit uns! Siehst du den Stern hoch über der Grotte? Er ist ein Zeichen. Ein Zeichen für das Wunder dieser Nacht. Der, auf den wir so lange gewartet haben, ist heute zur Welt gekommen. Wir, du und all die anderen“, der Fremde zeigt auf die vielen Menschen vor der Grotte, „sind auserwählt, ihn zu begrüßen.“

Wohlmeinende Hände schieben das Kind durch die Menge bis zum Eingang der Felsenhöhle. Lange betrachtet es die drei Menschen in der Höhle. Das Neugeborene schläft in einer alten, mit Stroh ausgelegten Krippe. Seine Eltern knien rechts und links vor der armseligen Lagerstätte. Die junge Mutter schaut zum Höhleneingang, entdeckt das fremde Kind in der wartenden Menge. Voller Mitleid winkt sie ihm zu.

„Sie möchte, dass du in die Grotte gehst“, flüstert jemand.

Zaghaft zuerst. Kleine Schritte. Doch dann gibt das Kind seiner Sehnsucht nach. Vertrauensvoll nimmt es die Hand der Fremden und klettert auf ihren Schoß.

„Schau“, sagt die junge Frau, „das Baby erwacht! Du darfst es gerne einmal streicheln.“

Das Kind berührt die winzige Hand des Säuglings, streichelt über die kleinen Finger.

„Oh, ist das schön! Nie mehr möchte ich dieses Händchen loslassen! Es macht mich sehr froh. Solch ein Gefühl hatte ich noch nie. Warum ist das auf einmal so?“

Maria drückt das Kind an sich und sagt: „Liebe ist es, die du empfindest. Jesus, mein Sohn dort in der Krippe, hat sie in dieser Nacht dir und allen Menschen unserer Welt zum Geschenk gemacht.“

Die Augen in dem blassen Gesicht des Kindes weiten sich. Vorsichtig streichelt es noch einmal die Händchen des Neugeborenen und sagt: „Das ist Liebe.“

„Blutdruck fällt ab!“, ruft die OP-Schwester.

Fieberhaft versucht der Chirurg, die zerrissene Aorta im Unterbauch des Kindes zu schließen. Alle Wiederbelebungsversuche scheitern. Herzstillstand! Laut drängt sich ein anhaltender Piepton in die Stille des Operationssaales.

„Armes Ding“, flüstert die OP-Schwester.

Behutsam wischt sie dem Kind den Schweiß aus dem Gesicht. Tränen laufen ihr über die Wangen. Es gelingt ihr nicht, die wundersam leuchtenden Augen des Kindes zu schließen.

Katharina Britzen

Heiligabend im Taxi

„... und niemand anderes als Sybille Lang."

Er wollte den Hörer auflegen, als seine Gesprächspartnerin in der Taxizentrale sich nochmals vergewisserte: „Hab ich Sie richtig verstanden, Herr ..."

„Gie...se...beck. Albert Giesebeck. Mozartstraße 18."

Erst ein Hüsteln, ehe die Frau am anderen Ende nachhakte: „Also, Herr ... Herr Giesebeck, ich wiederhole Ihren Auftrag: Heute, an Heiligabend, wünschen Sie, mit einem Taxi nach München zu Ihrer Tochter chauffiert zu werden. Knapp fünfhundert Kilometer hin, fünfhundert Kilometer zurück. Ihnen ist klar, dass die Fahrt etwa siebenhundert Euro kostet?"

Alberts Stimme veränderte sich nicht, blieb freundlich. „Liebe Dame, glauben Sie, ich scherze? Hab ich mich nicht deutlich genug ausgedrückt? Bitte schicken Sie mir für sechzehn Uhr Frau Lang, die mich nach München zu meiner Tochter in die Ismaningstraße bringen soll. Frau Lang hat doch heute Dienst, oder?"

Stille. Albert Giesebeck wurde eine Nuance lauter: „Hallo! Hallo, hören Sie mich? Frau Lang ist doch im Dienst heute, oder?"

„Ja, die ganze Nacht."

Erleichtert fuhr Albert fort: „Geld spielt keine Rolle. Zu Ihrer Beruhigung entrichte ich den gesamten Fahrpreis vor Antritt der Fahrt."

In der Leitung knackte es, er hörte im Hintergrund vom Funk verzerrte Stimmen, als er wiederholte: „Nochmals zu Ihrer Erinnerung: ausschließlich Frau Lang. Ansonsten können Sie den Auftrag vergessen." Schließlich hatte er drei Monate lang recherchiert, bis er sich für Frau Lang entschieden hatte.

Albert Giesebeck kontrollierte die Uhrzeit. Noch zehn Minuten bis zum Eintreffen des Taxis. In der Glasscheibe der Telefonzelle spiegelte sich seine Erscheinung, auf die er heute besondere Sorgfalt verwendet hatte. Die Geldscheine für die Fahrt steckten fein säuberlich gebündelt in einem weißen Kuvert in seiner linken Jackeninnentasche. Mit dem Plastikbeutel eines großen Discounters in der Hand schritt er zum gegenüberliegenden Anwesen mit der Hausnummer achtzehn und wartete unter einer Nobilistanne auf das Taxi. Nebelschwaden verhinderten die Sicht in erleuchtete Fenster der Villen hinter weißgetünchten Mauern und schmiedeeisernen Toren. Autos brausten an ihm vorüber. Albert Giesebeck fror in seiner dünnen Jacke, die schon bessere Zeiten gesehen hatte, und marschierte mit verschränkten Armen vor der Brust auf dem Bürgersteig hin und her. Ganz in der Nähe dudelte „Oh Tannenbaum", das Albert Giesebeck mitsummte, als ein herannahendes Fahrzeug in Taxibeige seine Geschwindigkeit drosselte und vor ihm an der Bordsteinkante stoppte. Die Scheibe auf der Beifahrerseite senkte sich automatisch, eine junge Frau beugte sich zum Fenster, musterte ihn unverhohlen geringschätzig, suchte mit den Augen den Bürgersteig nach weiteren Passanten ab und wollte schon aussteigen, um beim Haus Nummer achtzehn zu klingeln, als Albert Giesebeck auf der Rückbank des Taxis Platz nahm und die Frau mit einem „Guten Abend, Frau Lang. Kompliment. Pünktlich wie die Feuerwehr. Auf nach München in die Ismaningstraße!" begrüßte.

Noch bevor Sybille Lang reagieren konnte, entnahm er seiner Jackentasche das Kuvert mit dem abgezählten Geld und überreichte es der verdutzten jungen Frau mit einem freundlichen „Bitte".

„Sie … Sie ... sind Herr Giesebeck, Albert Giesebeck?"

Er schmunzelte. „Genau."

Rasch erlangte Sybille Lang ihre Fassung wieder, fächerte die Geldscheine auf, fuhr mit ihren Fingern über den obersten Schein und hielt ihn prüfend ans Licht: „Wirklich echt?"

Es dauerte, bis Alberts Lachen abgeklungen war.

Sybille Lang schielte nach hinten, ohne ihn direkt anzusehen. „Genau ein Hunderter zu viel."

„Trinkgeld. Für Sie!"

Eine gehörige Portion Skepsis überzog ihr Gesicht, als sie das Kuvert ins Handschuhfach packte und sich zu einem „Danke“ durchrang.

„Ich gebe noch die exakte Adresse Ihrer Tochter in das Navigationsgerät ein. Dann können wir los.“

Interessiert verfolgte Albert Giesebeck, wie die junge Taxifahrerin mit dem bunten Turban um den Kopf Zahlen und Buchstaben in den Minicomputer tippte und dann mit einem „Fertig“ den ersten Gang einlegte, sich in den Verkehr einfädelte und den Anweisungen der Stimme aus dem Navigationsgerät folgte.

„... bitte in einhundert Metern rechts abbiegen, bitte dem Straßenverlauf drei Kilometer folgen ...“

Keiner von ihnen sprach ein Wort. Alfred Giesebeck schmunzelte auf der Rückbank vor sich hin. Er konnte sich lebhaft die Fragen der Taxifahrerin ausmalen, ja, er las deutlich in ihrem Blick, wenn sich ihre Augen für einen kurzen Moment im Rückspiegel begegneten: „... verwahrloster Alter, graue Bartstoppeln, allem Anschein nach nicht auf Rosen gebettet, zerknittertes Jackett, billiges Eau de Toilette.“ Er öffnete das Fenster einen Spaltbreit. Fragte sie sich gerade, wieso er locker mal einen knappen Tausender für eine Fahrt nach München hinblättern konnte? Oder ging sie in Gedanken die letzten Banküberfälle oder Einbrüche durch?

Die Ansage der Computerstimme riss ihn aus seinen Gedanken. „... bitte in zweihundert Metern links abbiegen auf die A 535, bitte dem Straßenverlauf folgen ...“

Der Mercedes älteren Baujahrs schnurrte über die Autobahn. „Möchten Sie Weihnachtsmusik hören? Radio? CD?“, fragte Sybille über ihre Schulter hinweg.

Albert Giesebeck winkte ab. „Ich kann darauf verzichten. Aber wenn Sie Lust da...“

„Ich hasse Weihnachten.“

Einige Minuten vergingen.

„Warum hassen Sie Weihnachten, Frau Lang?“

Ihre Augen klebten an der Straße. „Woher kennen Sie mich eigentlich? Meinen Namen? Sind wir uns schon mal begegnet? Ich kann mich nicht an Sie erinnern."

„Heißt es nicht, man begegnet sich immer zweimal im Leben?" Albert Giesebeck legte die Hände auf den Vordersitz.

„Und? Sind wir?"

„Was?"

„Uns das zweite Mal begegnet. Helfen Sie mir auf die Sprünge."

„Wer weiß? Aber verraten Sie mir, weshalb Sie Weihnachten nicht mögen."

„Hat Ihre Tochter in München Ihnen das Geld für die Fahrt gegeben?", wollte Sybille anstelle einer Antwort wissen.

„Nein. Ich bezahle die Fahrt aus eigener Tasche."

„Wie lange haben Sie denn gebraucht, bis Sie so viel Geld zusammenhatten?"

Erneut ein Lachanfall. Dann erwiderte er ernst: „Lange, sehr lange. Quasi ein Leben lang."

Sybille Lang konzentrierte sich auf den Verkehr. Minutenlang schwiegen sie.

„Warum fahren Sie Taxi, Sybille? Ich darf doch Sybille zu Ihnen sagen?"

„Meinetwegen."

„Warum, Sybille?"

„Wegen meiner Tochter. Nele. Bin alleinerziehend. Ich brauche das Geld."

„Geschieden?"

„Nein. Hab Nele mit zwanzig bekommen. Kurz nach dem Abitur. Neles Vater war nicht viel älter als ich und hat sich auf- und davongemacht. Nie mehr was von ihm gehört. Seither kümmere ich mich allein um mein Kind. Zu meinen Eltern brauch ich nicht zu gehen, die haben selber nichts."

Sogar im Halbdunkel des Wagens konnte Albert erkennen, wie sich der bittere Zug um ihren Mund vertiefte.

„Studieren Sie?"

Sybille reagierte aggressiv. „Was wollen Sie von mir, Herr Giesebeck? Ich kenne Sie nicht."

„Entschuldigung, Sie haben Recht. Ihr Leben geht mich wirklich nichts an." Albert lehnte sich in seinem Sitz zurück und starrte aus dem Fenster.

Nach einer längeren Pause, so als ob sie es nicht länger für sich behalten könnte, begann Sybille plötzlich zu erzählen.

„Hatte mit Jura angefangen. Drei Semester, dann wurde Nele krank. Morbus Crohn. Die Tagesmutter schmiss das Handtuch wegen der Nahrungsumstellung und der intensiven Pflege des Kindes und ich war dadurch gezwungen, zu Hause zu bleiben. Morbus Crohn bedeutet Diätpläne erstellen, aufwändig kochen, ständig zum Arzt rennen. Das ganze Programm halt bei einem kranken Kind. Jetzt bin ich Hartz IV und fahre nachts Taxi. Schwarz. Gehe putzen. Schwarz. Eine Nachbarin hat einen Schlüssel zur Wohnung und sieht ab und an nach der Kleinen. Wenn ich auf einer Fahrt an meiner Wohnung vorbeikomme, schaue ich kurz rein. Nele ist mittlerweile sechs Jahre alt und besitzt ein Handy, von dem aus sie mich zur Not jederzeit anrufen kann. Gesundheitlich ist sie auch stabiler geworden."

„Wo ist Nele heute Abend?"

Viel zu lange schaute sie nach hinten. Albert Giesebeck warnte: „Vorsicht! Sie geraten auf die linke Spur."

Im allerletzten Moment riss sie das Steuer herum. „Puhh, das war knapp! Danke!"

Sie erzählte weiter: „In der Zentrale. Bei Birgit, die Nachtschicht hat. Nele kann dort schlafen, bis ich wieder zurück bin. Und fernsehen. Ihre Lieblingsbeschäftigung. Leider. Das Kind ist zu viel allein."

„Dann kommt Ihre Kleine sicher bald in die Schule und Sie können Ihr Studium wieder aufnehmen?"

Außer dem gleichmäßigen Motorgeräusch und dem Kratzen der Scheibenwischer auf der Windschutzscheibe war nichts zu hören. Albert Giesebeck ließ ihr Zeit. Die Dame aus dem Navigationssystem hatte sie mittlerweile erfolgreich auf die A3 Richtung München geleitet.

„Nele geht seit dem Sommer zur Schule. Ich hatte gehofft, mein Studium wieder aufnehmen zu können. Bis ich den Knoten spürte. Monatelang ignorierte ich ihn. Dann überwand ich mich, zum Arzt zu gehen.“ Sie biss sich auf die Fingerknöchel.

„Und Ihr Verdacht hat sich bestätigt?“

Sie riss sie sich das Tuch vom Kopf und ein kahler Schädel kam zum Vorschein.

„Krebs. Ziemlich weit fortgeschritten. Durch die Chemo sind mir die Haare ausgegangen, und mir ist ständig kotzübel. Vermutlich pack ich's nicht.“

„Wollen Sie auf dem nächsten Rastplatz eine Pause einlegen?“

Sie umklammerte das Lenkrad. „Nein! Über kurz oder lang kann ich für immer pausieren. Verstehen Sie? Ewige Ruhe.“ In ihrem Gesicht zuckte es. „Auch wenn das Leben Scheiße ist, ich will noch nicht abkratzen. Ich will nicht. Noch nicht. Aber warum erzähl ich Ihnen das eigentlich?“

Von hinten reichte ihr Albert Giesebeck eine Packung Taschentücher. „Reden hilft.“

Sie schnäuzte sich. „Mir hilft nichts mehr. Was passiert mit meinem Kind, wenn ich sterben muss?“

Die Qual, die aus ihren Worten sprach, machte Albert betroffen. Seine Stimme klang belegt, als er wissen wollte: „Wie groß sind Ihre Chancen, Sybille?“

„Hier in Deutschland höchstens dreißig Prozent, eher noch weniger. In Amerika sind sie viel weiter. Dort hätte ich eine reelle Chance. Aber ich kann keine fünfzig Mille für die Behandlung aufbringen. Niemals.“

„Gibt es niemand in Ihrem Umfeld, der Ihnen Geld leihen könnte? Familie, Freunde?“

Ihre Stimme war piepsig, als sie antwortete: „Mehr als zehn bring ich nicht zusammen.“

„Hassen Sie deswegen Weihnachten?“

Ihm kam es vor wie ein Urschrei. „Ja, auch. Ich kann es einfach nicht mehr ertragen. Diese Lichterflut an den Häusern, an den Sträuchern, die Weihnachtsmänner überall, glitzernde Schaufenster und Menschenmassen in den Kaufhäusern auf der Suche nach Geschenken. Konsum. Nichts als Konsum. Ich könnte kotzen. Ich ekele mich vor den Menschen. Diese Ungerechtigkeit. Während ich sterben muss, haben die Idioten Stress wegen der Auswahl von Geschenken. Und mein Kind wird bald zur Waise. Wen kümmert das? Niemand. Alle denken nur an sich. An sich ... an sich! Verdammte Egoisten! Heuchler! Hören Sie, Giesebeck, solche Gedanken gehen mir tagtäglich durch den Kopf, wenn ich diesen Lichterwahn in den Straßen sehe."

„Steuern Sie den nächsten Parkplatz an. Bitte. Sie sind zu aufgewühlt. Wir trinken zusammen eine Tasse Kaffee, dann wird es Ihnen besser gehen."

Sie lenkte den Wagen auf die nächste Raststätte und schlang vor dem Aussteigen ihr Tuch um den Kopf.

Albert Giesebeck klemmte sich seinen Plastikbeutel unter den Arm.

„Was befindet sich eigentlich in Ihrer Aldi-Handtasche?", wollte Sybille Lang wissen und zeigte auf die Plastiktüte.

„Eine geballte Ladung Hoffnung, Sybille."

Bitterkeit troff aus ihren Worten: „Schöne Hoffnung. Vielleicht sollte ich es auch mal damit versuchen ..."

Im Restaurant, wo sie in der Nähe eines geschmückten Tannenbaumes Platz nahmen, saßen nur wenige Menschen, die keine Notiz von ihnen nahmen. Diejenigen, die diesen Heiligabend nicht zuhause verbrachten, hatten genug mit eigenem Kummer, eigenen Problemen zu tun.

„Zwei Kaffee bitte", rief er der Bedienung zu und hielt Sybilles Hände, die eisig kalt waren und leicht zitterten. „Oder möchten Sie etwas essen?"

„Am liebsten hätte ich einen Cognac. Einen doppelten."

Als die Bedienung den Kaffee servierte, orderte er noch zwei doppelte Cognacs.

Sybille wollte protestieren, doch er wischte ihre Bedenken beiseite. „Keine Sorge. Vertrauen Sie mir."

Allmählich empfand sie Albert Giesebecks Nähe als angenehm. Es war, als entströme ihm eine Aura der Zuversicht, die ihre Zunge löste und sie ihren Kummer vergessen ließ. Im Schein der flackernden Kerze erzählte sie Albert Giesebeck ihr ganzes Leben und ließ sich sogar von ihm zum Essen einladen. Ausnahmsweise schmeckte es ihr vorzüglich.

Nach dem Essen entschuldigte sich Albert Giesebeck. „Ich muss nur mal kurz telefonieren, Sybille."

Sybille nutzte die Zeit, mit Nele in der Zentrale zu plaudern. „Morgen früh bekommst du deine Geschenke, Nele. Schlaf schön." Ein „Frohe Weihnachten" brachte sie nicht über ihre Lippen.

Die Bedienung brachte noch zwei Espresso, aber Albert Giesebeck kehrte nicht mehr zurück. Fast eine halbe Stunde war seit seinem Verschwinden vergangen, als es Sybille siedend heiß überlief. Wo blieb er nur? Musste sie die ganze Zeche bezahlen? Hatte Albert Giesebeck das Kuvert im Handschuhfach wieder an sich genommen? War sie einem Betrüger aufgesessen? Sybille kramte in ihrer Handtasche. Ihr Taxi-Schlüssel war verschwunden. Sie fasste sich ans Herz, das bis zum Hals pochte.

„Bin gleich wieder da", versprach sie der Kellnerin und raste zu ihrem Taxi, das sie unverschlossen vorfand. Als Erstes öffnete sie das Handschuhfach, um nach dem Kuvert zu tasten. Sie fand es unversehrt und drückte den Inhalt an ihr Herz. Vor Erleichterung plumpste sie in den Sitz und sah sich um. Der Schlüssel steckte. Auf dem Beifahrersitz entdeckte sie eine schwarze Mappe. Hatte Albert Giesebeck etwas verloren? Neugierig öffnete sie den Reißverschluss und zog ein Bündel Papier heraus. Sie traute ihren Augen kaum. Ein Stapel Geldscheine kam zum Vorschein. „Du träumst, Sybille", schalt sie sich und zupfte an ihren Ohren. „Autsch!" Nein, es war kein Traum. Sie zählte ... dreiundsiebzig, vierundsiebzig, fünfundsiebzig. Mittendrin hörte sie auf zu zählen. Egal wie viel es war. Alles Tausendeuroscheine! Sie griff nochmals in die Mappe und zog einen Zettel heraus.

Werden Sie schnell wieder gesund, Sybille. Nele braucht Sie.

Frohe Weihnachten. Albert.

P.S. Rufen Sie sich ein Taxi.

In der Zentrale erfragte sie die Telefonnummer in der Münchener Ismaningstraße, die Herr Giesebeck hinterlassen hatte, und rief dort an. „Könnte ich bitte mit der Tochter von Albert Giesebeck sprechen? Wie bitte? Falsch verbunden? Sie kennen keinen Albert Giesebeck? Dann entschuldigen Sie bitte die Störung."

Ulrike Renk

Das Geschenk

Der Wind kommt von Norden, bringt eiskalte Luft und Schnee mit sich. Die Welt ist eingehüllt in Gestöber. Nur selten ist es uns in diesen Breitengraden vergönnt, solchen Schnee zu erleben.

Wir haben Freunde besucht und ziehen nun die Jacken über, erwärmt von anregenden Gesprächen, leckerem Essen und gutem Wein.

Es ist weit nach Mitternacht und der Sturm hat sich gelegt. Die Welt ist weiß geworden. Der Wind treibt die Flocken in weichen Bögen über die Straße. Sie glitzern im gelben Licht der Straßenbeleuchtung.

Bis zu uns nach Hause ist es nicht weit, zweimal um die Ecke, dann wären wir da.

Du legst deinen Arm um meine Schultern, ziehst mich an dich. „Gehen wir noch ein paar Schritte?“

„Ja, gerne!“

Es dauert nur kurz, bis sich unsere Schritte aneinander angepasst haben. Die jahrelange Vertrautheit macht sich bemerkbar.

Es ist so viel geredet und gelacht worden an diesem Abend, dass ich das Schweigen mit dir als wohltuend empfinde. Das konnten wir schon immer gut, miteinander schweigen, ohne dass es uns unangenehm ist.

Wir stapfen den weißen Bürgersteig entlang, der Schnee knirscht unter unseren Füßen. Noch keiner hat vor uns den zarten Belag betreten. Es gibt kaum etwas Schöneres als so einen nächtlichen Spaziergang durch die unberührte Welt.

Früher, erinnere ich mich, haben wir die Kinder gerufen, wenn es das erste Mal richtig schneite. Wir zogen sie warm an und liefen mit ihnen in den Garten, in das Funkeln und Glitzern der fallenden Schneeflocken. Anschließend wärmten wir uns alle mit heißem

Kakao auf, und wir Eltern erfreuten uns an ihren vor Glück glühenden Gesichtern.

„Weißt du noch, früher, die Kinder?“, fragst du mich mit leiser Stimme.

Wie so oft haben wir das Gleiche gedacht. Ich nicke stumm.

Wir gehen weiter, du schiebst deine warmen Finger in meine kalten. Fast immer sind deine Hände warm und meine kalt. Auch meine Füße, die ich jede Nacht unter deine Decke schiebe. Du wärmst sie ohne Protest.

„In guten wie in schlechten Tagen“, sagte der Pfarrer damals.

„In kalten auch“, fügtest du schmunzelnd hinzu.

Nächste Woche ist Weihnachten. Man erkennt es am Lichterglanz der vielen Tannebäume, die in Gärten und auf Balkonen stehen.

„Schau!“ Hin und wieder deutest du auf ein besonders schön geschmücktes Haus oder eins, das derart überladen ist, dass wir es beide amüsant finden.

Zufrieden gehen wir weiter, die Kälte nagt an unseren Wangen, doch ich empfinde diese stillen Spaziergänge mit dir als tiefen Frieden. Oft war das so, dass wir nachts noch einen kurzen Gang machten, um der abgestanden Luft zu entkommen und vor dem Schlafengehen Ruhe zu finden.

Manchmal hatten wir uns gestritten und stapften wütend nebeneinander her, wussten, dass es keine schnelle Lösung für unser Problem geben würde, wollten aber nicht verstimmt ins Bett gehen.

Oft nahmst du irgendwann still meine Hand, verschränktest deine Finger mit meinen und ich spürte die Liebe, die zwischen uns ist. Dann war alles wieder gut, wir konnten uns in den Arm nehmen.

Viele Jahre leben wir nun schon zusammen, die Kinder sind längst groß und aus dem Haus. Nächste Woche werden sie kommen und mit uns zur Mitternachtsmette gehen. Auch eins dieser Rituale, die mich glücklich machen. Anschließend werden wir eine Flasche Wein öffnen, die Bücher, die es geschenkt gab, durchblättern, ein wenig erzählen.

„Ich habe noch kein Geschenk für dich“, murmelst du unglücklich.

Ich weiß, dass du wenig Zeit hattest in den letzten Wochen. „Du brauchst mir nichts zu schenken."

„Ich möchte aber."

„Ich habe doch schon alles."

„Darum geht es nicht. Ich möchte, dass du weißt, wie sehr ich dich liebe."

Wir bleiben vor unserer Haustür stehen. Es hat wieder begonnen zu schneien. In dicken Tupfen fällt der Schnee.

„Schatz", sage ich und sehe dich an. Dein Gesicht ist von Sorgenfalten durchzogen, die Anstrengung der letzten Wochen in deinem Job ist dir anzusehen. „Weihnachten soll ein Tag des Friedens sein. Konsum ist unwichtig. Ich brauch nichts. Fast nichts."

„Fast? Dann gibt es also doch etwas?"

Ich muss grinsen, ziehe dich an mich, umfasse dein Gesicht.

„Ja. Eins gibt es."

„Was?"

„Ich hab es schon. Denk ich." Dann küsse ich dich und weiß, dass du weißt, was ich meine. „Dich!"

„Das kann man nicht kaufen. Liebe wird geschenkt."

Nur eins ist schöner, als in einer solchen verzauberten Nacht unterwegs zu sein ... nach Hause zu kommen.

Konsum ist mir nicht wichtig und wir haben wirklich alles, was wir brauchen. Das Geschenk, das ich für dich besorgt habe, ist nicht uneigennützig, es ist auch für mich. Vielleicht sogar noch mehr.

Ich habe uns eine Woche Zeit besorgt, eine Woche auf einer Hallig Anfang Januar. Mit deinem Chef habe ich das schon geklärt, du wirst den Urlaub bekommen, doch noch weißt du das nicht.

Ich lächele still in mich hinein und ziehe meinen Mantel aus, schüttele die Schneeflocken aus den Haaren.

„Einen Cent für deine Gedanken", sagst du.

„Da wirst du noch warten müssen", antworte ich.

Dann lachst du dein tiefes Lachen und ziehst mich in deine Arme und ich freue mich wie ein kleines Kind auf Weihnachten.

Marie Juillet

Die Heimat der Seele

Wie ein dunkler, schwerer Vorhang hatte sich die Nacht über das kleine Dorf Silver Creek ausgebreitet. Hell erleuchtete der Mond das schwarze Himmelszelt und verwandelte das schneebedeckte Tal in eine geheimnisvolle Glitzerlandschaft. Ab und an durchbrach das Geheul eines einsamen Wolfes die nächtliche Stille, während sich die kahlen Baumkronen im kalten Nachtwind hin und her wogen. Die Bewohner von Silver Creek hatten sich bereits vor Stunden in ihre Häuser zurückgezogen und schliefen längst tief und fest.

Doch Jamie konnte nicht schlafen. Wie jede Nacht saß er am Fenster neben dem Herd in der Küche und starrte hinaus in die Dunkelheit. Auch Brian war noch wach und sah hilflos zu seinem Sohn hinüber. Gut sechs Monate war es nun her, dass Jamies Mutter bei einem tragischen Autounfall ums Leben gekommen war. Für Brian war in jener Nacht eine Welt zusammengebrochen, doch für Jamie schien die Zeit regelrecht stehen geblieben zu sein. Er konnte einfach nicht begreifen, dass seine Mutter niemals mehr nach Hause kommen würde, und hielt jede Nacht voll unstillbarer Sehnsucht nach ihr Ausschau, während sein Vater ihn aus sicherer Entfernung beobachtete. Nur zu gerne hätte er seinen Sohn herausgeholt aus dieser einsamen Welt, in die er sich immer mehr zurückzog, doch er wusste einfach nicht wie.

Am nächsten Morgen brachte Brian seinen Sohn in die nahegelegene Schule und fuhr dann weiter ins Dorf, um für Jamie ein Weihnachtsgeschenk zu kaufen. Aber er hatte keine Ahnung, was er seinem Sohn zu Weihnachten schenken sollte. Was konnte das traurige Herz eines kleinen Jungen, der seine Mutter erst vor wenigen Monaten verloren hatte, schon erfreuen? Missmutig stieg er aus dem Wagen und ging hinüber zu dem kleinen Geschäft auf der anderen Seite der Straße.

Bis auf den alten Sam, einen Indianer vom Stamm der Koyukon-Athabasken, war niemand sonst an diesem Morgen unterwegs. Unauffällig lehnte Sam gegen eine Häuserwand unweit des Ladens, so als würde er auf jemanden warten. Brian hatte sein Ziel noch nicht ganz erreicht, als der Indianer ihn plötzlich ansprach. „Hallo, Brian! Wie geht es dir?"

Brian drehte sich schwerfällig um und nickte Sam höflich zu. „Nun ja, so weit ganz gut", log er und versuchte, dem Blick des alten Mannes auszuweichen.

Sam seufzte leise und schwieg. Er wusste genau, dass Brians Antwort nicht der Wahrheit entsprach, aber das nahm er ihm nicht übel. Vielmehr entsann er sich eines alten indianischen Sprichwortes, das sich ihm nur wieder einmal bestätigt hatte: *Stelle einem Weißen eine Frage und er sagt dir, was du hören willst. Stelle einem Indianer eine Frage und er sagt dir, was du wissen willst.* Den Blick geradewegs auf Brian gerichtet, setzte der alte Indianer das Gespräch fort. „Und wie geht es Jamie?"

Brian zuckte zusammen und sah betreten zu Boden. Während er selbst gelernt hatte, seine innersten Gefühle vor anderen Menschen zu verbergen und niemals eine Schwäche einzugestehen, war es bei Jamie ganz offensichtlich, wie schlecht es ihm ging. Der einst so fröhliche Junge war nicht mehr wiederzuerkennen. Seit dem schrecklichen Unfall seiner Mutter lebte er in seiner eigenen Welt und sprach kaum noch ein Wort. Nach einer Weile hob Brian den Kopf und antwortete: „Es geht ihm schlecht. Seit dem Tod seiner Mutter sitzt er jede Nacht stundenlang am Fenster und starrt hinaus. Es ist, als ob er immerzu darauf warten würde, dass Kathryn wieder nach Hause kommt. Aber das wird niemals geschehen, und ich weiß nicht, wie ich ihm das begreiflich machen soll. Gerade jetzt, wo bald Weihnachten ist, scheint es für ihn noch viel schlimmer zu sein."

Der Indianer verstand nur zu gut, wie schwer es Brian fiel, über die wohl schrecklichste Zeit seines Lebens zu reden. Dennoch setzte er behutsam zu einer weiteren Frage an: „Weißt du schon, was ihr am Weihnachtsabend machen werdet?"

Brian würgte die aufsteigenden Tränen hinunter und holte tief Luft. „Wir werden wohl wie schon so oft in den letzten Monaten zu Kathryns Grab gehen, um auch an diesem Abend bei ihr zu sein. Immerhin ist es seit jeher so Brauch, dass die ganze Familie in dieser Zeit zusammen ist."

Sam runzelte nachdenklich die Stirn und sah Brian mit besorgter Miene an. „Genau darin liegt das Problem! Ihr Weißen glaubt, dass ihr den Toten nahe seid, wenn ihr unentwegt zu ihren Gräbern geht. Aber was ihr dort besucht, ist doch nur die sterbliche Hülle, die nach und nach zu Staub zerfällt, bis nichts mehr davon übrig ist. Wenn ihr den Toten wirklich nahe sein wollt, dürft ihr nicht an ihr Grab gehen; ihr müsst dorthin gehen, wo ihre Seele zuhause ist!", erklärte er mit fester Stimme, ohne seinen Blick von Brian abzuwenden.

Kaum dass der alte Indianer zu Ende gesprochen hatte, reckte Brian empört den Kopf in die Höhe. Was fiel diesem dahergelaufenen Barbaren eigentlich ein?! Nur mit Mühe gelang es ihm, nicht die Beherrschung zu verlieren. „Ich glaube nicht, dass du davon auch nur annähernd etwas verstehst!", entgegnete er schroff und warf dem alten Indianer einen scharfen Blick zu.

Doch Sam blieb ruhig. „Mag sein, dass ich nichts von euren christlichen Trauerritualen verstehe, und wahrscheinlich verstehe ich auch nicht allzu viel von eurer Art, mit dem Verlust eines geliebten Menschen fertig zu werden. Aber jede Seele hat eine Heimat. Und wenn du einem verstorbenen Menschen wirklich nahe sein willst, dann kannst du das nur dort, wo seine Seele schon zu Lebzeiten beheimatet war. Denk mal darüber nach!" Dann drehte er sich um und ließ Brian stehen.

Ratlos sah dieser dem alten Mann hinterher und schüttelte den Kopf. Warum nur hatte dieser komische Kauz ihn nicht einfach in Ruhe gelassen? Als der Indianer aus seinem Blickfeld verschwunden war, betrat Brian den kleinen Laden, um nach einem Weihnachtsgeschenk für Jamie zu suchen. Doch finden konnte er nichts.

Ein Tag nach dem anderen verging und Weihnachten rückte immer näher. Jamie saß weiterhin Nacht für Nacht am Küchenfenster und starrte hinaus in die Dunkelheit. Der Anblick seines traurigen Sohnes lastete wie Blei auf Brians Seele. Wie sollten sie beide allein nur den Weihnachtsabend überstehen? Ohne Kathryn, ohne ihre liebevolle Art, die das Haus an Weihnachten immer mit einer ganz besonderen Wärme erfüllt hatte, ohne den zarten Lavendelduft ihres Parfums, das sie zu solch besonderen Anlässen aufgetragen hatte? Brian hatte einfach keine Antwort auf all diese quälenden Fragen. Unentwegt wälzte er sich des Nachts in seinem Bett hin und her, während ihm die eigenwilligen Aussagen des alten Indianers durch den Kopf spukten. Anfangs setzte Brian alles daran, die Erinnerung an das unangenehme Gespräch zu verdrängen. Doch je näher der Weihnachtsabend heranrückte, desto geringer wurde sein Widerstand gegen die eindringlichen Worte des Alten: „Ihr müsst dorthin gehen, wo ihre Seele zuhause ist. Wenn du einem verstorbenen Menschen wirklich nahe sein willst, dann kannst du das nur dort, wo seine Seele schon zu Lebzeiten beheimatet war.“ Vielleicht hatte Sam ja doch Recht. Vielleicht sollte er wirklich mit seinem Sohn dorthin gehen, wo Kathryns Seele zuhause war? Aber wo sollte das sein?

Dann kam der Tag, vor dem Brian sich so sehr fürchtete. Es war Heiligabend, der Tag, den sie stets gemeinsam mit der ganzen Familie gefeiert hatten. Voller Unrast suchte er sich schon in aller Frühe eine Beschäftigung, um nicht an die vergangenen Weihnachtsabende denken zu müssen, während Jamie bereits am Morgen schweigend am Küchenfenster hockte und hinaussah. Nichts, aber auch gar nichts erinnerte in dem kleinen Haus daran, dass Weihnachten war. Zwar hatte Brian am Abend zuvor noch einen kleinen Tannenbaum in dem angrenzenden Wald geschlagen, doch ohne das festliche Gewand, das Kathryn dem Weihnachtsbaum jedes Jahr verliehen hatte, wirkte er genauso einsam und verloren wie Jamie.

Als die Dunkelheit hereinbrach und Brian sämtliche Arbeiten im Haus erledigt hatte, spukten ihm wieder die Worte des alten Indianers im Kopf herum. Wie dunkle Schatten durchkreuzten sie jeden seiner Gedankengänge, bis er es schließlich nicht mehr aushielt. Hastig zog er Jamie einen dicken Anorak und Handschuhe über und schnappte sich eine Jacke, ehe er mit seinem Sohn das Haus verließ. Mit festem Schritt stapfte Brian über die Schneedecke und hielt dabei die Hand seines kleinen Jungen umklammert. Den Blick stur geradeaus gerichtet, lief er einfach drauflos und folgte der mit jedem Schritt lauter werdenden Stimme des alten Indianers: „Ihr müsst dorthin gehen, wo ihre Seele zuhause ist!“ Brian lief und lief. Immer weiter, immer schneller, und als er schließlich neben sich den keuchenden Atem seines Sohnes vernahm, hob er ihn hoch und trug ihn, bis sie ihr Ziel erreicht hatten: den Moose Lake. Schon als kleines Mädchen hatte Kathryn diesen Ort über alles geliebt und jede freie Minute an dem entlegenen See verbracht. Für sie gab es keinen schöneren Platz auf der Welt und allein dieser See war für sie Grund genug gewesen, niemals aus Silver Creek fortzugehen. Während der Sommermonate hielten sich hier zahlreiche Elche auf, denen der Moose Lake auch seinen Namen verdankte, doch jetzt, in der kältesten Zeit des Jahres, wirkte die Gegend wie ausgestorben. Die massige Eisdecke, die sich wie eine bizarre Landschaft über das riesige Gewässer gelegt hatte, verstärkte diesen Eindruck noch.

Brian und Jamie setzten sich auf einen alten Baumstamm nahe dem Seeufer. Erschöpft hob Brian den Kopf und betrachtete die unzähligen Sterne, die wie winzig kleine Glaskristalle über den klaren Nachthimmel verstreut waren. Alles wirkte so friedlich und still. Nur ein leichter Wind, der durch die kahlen Baumwipfel wehte, durchbrach bisweilen die nächtliche Stille. Vorsichtig sah Brian hinunter zu seinem Sohn, der ganz ruhig auf dem alten Baumstamm saß, und er wusste sogleich, dass sein Entschluss, hierher an den See zu gehen, richtig gewesen war. Zum ersten Mal seit Kathryns Tod hatte Jamie wieder den Hauch eines Lächelns auf den Lippen. Mit jeder Minute wirkte er gelöster und nach und nach begann er, sich ganz langsam hin und her zu wiegen, so wie seine Mutter es stets mit ihm gemacht hatte, wenn sie ihm einfach nur zeigen wollte, wie lieb sie ihn hatte. Brian sah wieder hinaus auf den See und spürte, wie sich trotz der eisigen Kälte um ihn herum eine wohlige Wärme verbreitete. Er sog die klare Nachtluft ein und lächelte, als er den zarten Duft von Lavendel wahrnahm. Stunde um Stunde verbrachten sie an dem einsamen See, umhüllt von wohliger Wärme, dem feinen Duft von Lavendel und der Gewissheit, dass sie Kathryn ganz nahe waren. So nah wie niemals zuvor seit ihrem Tod.

Als es schließlich an der Zeit war, nach Hause zu gehen, legte Brian seine Hand auf die schmale Schulter seines Sohnes und erhob sich. Jamie nickte zaghaft und stand langsam auf, ohne den Blick von dem See abzuwenden. „Frohe Weihnachten, Mom!“, sagte er mit leiser Stimme und hob wie zum Gruß die Hand. Dann wandte er sich zu seinem Vater um und sah zu ihm hoch. „Wir gehen Mom doch bald wieder besuchen?“ Brian nickte stumm und nahm Jamie bei der Hand. Schweigend gingen sie los, doch nach wenigen Schritten drehte Brian sich noch einmal um. Zitternd ließ er seinen Tränen, gegen die er seit dem Tod seiner Frau so mühsam angekämpft hatte, freien Lauf und flüsterte mit heiserer Stimme: „Frohe Weihnachten, Kathryn!“

Sabine Bauernschmidt

Marie-Josephine

Mona ist traurig. Sie wird zu Weihnachten nicht das bekommen, was sie sich wünscht.

Die wunderschöne Puppe, die sprechen, weinen und trinken und sogar ihre Windel vollmachen kann. Sophie aus ihrer Klasse hat so eine Puppe zum Geburtstag bekommen, sie hatte sie gestern und heute mit in der Schule. Aber die Puppe ist zu teuer, haben Papa und Mama gesagt. Mona ist böse auf Papa, weil er kein Geld mehr verdient seit ein paar Monaten. Nein, Weihnachten wird wohl nicht sehr schön werden in diesem Jahr.

Es schneit wieder. Schnee ist schön, aber nicht, wenn man so kalte Füße hat, dass es wehtut. Die Winterstiefel, die Mama mitgebracht hat, sind zu klein und müssen umgetauscht werden, Mama hat sie heute wieder mitgenommen zu dem Supermarkt, in dem sie arbeitet.

Mona nimmt die Abkürzung durch den Park, obwohl sie nicht gern bei der Schlittschuhbahn vorbeigeht. Sophie und einige andere Mädchen aus der Schule sind jeden Mittag dort, sie mögen Mona nicht und hänseln sie oft. Aber es ist wird bald dunkel, vielleicht sind sie schon weg.

Die Schlittschuhbahn ist leer. Nach und nach deckt der glitzernde Schnee die tiefen Schrammen zu, die viele scharfe Kufen in dem Eis hinterlassen haben. Mona geht an den verschneiten Parkbänken vorbei und traut ihren Augen nicht. Auf der mittleren Bank sitzt eine Puppe, die genauso aussieht wie die von Sophie. Monas Herz scheint für einen kleinen Moment stillzustehen, dann klopft es umso heftiger. Sie zögert und schaut sich noch einmal um, aber es ist niemand zu sehen.

Die Puppe sieht sie mit ihren blauen Augen an, das hellbraune Haar ist ganz von Schnee bedeckt. Sie gibt einen weinerlichen Laut von sich, als Mona sie an sich drückt. „Ich werde dich Josephine nennen.“ Sie streicht der Puppe zärtlich den Schnee aus dem Haar. „Josephine ist ein schöner Name, findest du nicht? Jetzt kommst du mit mir nach Hause, da ist es warm und du musst nicht mehr frieren.“ Überglücklich hüpft Mona den schmalen Weg entlang bis zur Kampallee, die an den Park grenzt. Ihre Füße tun gar nicht mehr weh. Oder vielleicht doch ein bisschen, aber es ist nicht so wichtig.

Kurz bevor sie zu Hause ankommt, hört sie mit dem Hüpfen auf und balanciert langsam auf der Bordsteinkante. Das macht sie immer, wenn sie nachdenken muss. Was soll sie Papa und Mama erzählen? Sie werden ihr nicht glauben, dass sie ausgerechnet diese Puppe gefunden hat. Dabei stimmt es doch. Sie weiß natürlich, dass sie Josephine zurückgeben müsste. Aber andererseits ... Woher soll sie wissen, dass sie Sophie gehört? Sophies Eltern haben außerdem genug Geld. Sie können ihr eine neue Puppe kaufen. Vor ihrem Haus bleibt Mona noch einen Moment stehen, dann schließt sie vorsichtig die Tür auf. Josephine hat sie unter ihrem Mantel verborgen. Sie läuft gleich in ihr Zimmer, ohne den Mantel auszuziehen, und versteckt die Puppe unter ihrem Kopfkissen.

Sophie ist sehr unglücklich. Sie war heute beim Schlittschuhlaufen und sie hat die Zeit vergessen. Auf einmal war es fast dunkel, dabei hat Mama gesagt, sie soll um halb fünf zu Hause sein. Sophie hat schnell ihre Schlittschuhe gegen die Stiefel getauscht und ist nach Hause gerannt. Aber das Wichtigste hat sie vergessen: ihre Puppe Marie, die Papa ihr bei seinem letzten Besuch mitgebracht hat. Papa hat ihr früher nie etwas gekauft, als sie noch alle zusammen wohnten. Es ist das erste richtige Geschenk von ihm. Sophie hat die Puppe auf die Bank gesetzt, damit sie den Kindern beim Eislaufen zusehen kann. Und dann hat sie Marie in der Eile einfach vergessen. Als es ihr zu Hause eingefallen ist, wollte sie zurück in den Park laufen, aber Mama hat es nicht erlaubt, weil es schon zu spät war und zu dunkel. Sie hat gesagt, wenn Marie weg ist, kauft sie Sophie eben eine neue Puppe, und sie hat jetzt keine Zeit für solche Sachen, und Sophie muss lernen, besser auf ihre Sachen aufzupassen. Mama versteht nicht, dass Sophie keine neue Puppe will, sondern Marie, weil sie ein Geschenk von Papa ist. Und wenn Papa erfährt, dass sie so unachtsam war, wird er enttäuscht sein. Morgen ist Weihnachten, aber Sophie möchte gar keine Geschenke. Sie will nur Marie wiederfinden. Gleich nach dem Frühstück wird sie in den Park laufen, vielleicht hat sie ja Glück. Aber wenn nicht? Sophie weint sich in den Schlaf, und sie träumt von Marie, die einsam auf der Bank sitzt und friert.

Mona zappelt auf ihrem Stuhl herum. Das Abendessen dauert viel zu lange. Papa und Mama wundern sich, dass Mona heute freiwillig ins Bett geht. Mama macht das Licht im Kinderzimmer aus und sagt Gute Nacht. Als sie die Tür zumacht, holt Mona Josephine unter dem Kopfkissen hervor. Sie sieht irgendwie traurig aus. Können Puppen auch traurig sein, wenn sie ihre Mama verloren haben? Mona denkt nach. Sie war so glücklich, als sie Josephine fand. Aber jetzt kann sie sich gar nicht mehr richtig freuen. Was ist, wenn Sophie weint? Mona mag Sophie zwar nicht, aber trotzdem. Morgen ist schließlich Weihnachten. Irgendwann schläft Mona ein. Sie träumt, dass sie ihren Teddybären Bruno im Park vergessen hat. Erst zu Hause merkt sie, dass der Teddy nicht da ist, und sie sucht ihn überall, doch sie findet nur ein paar Spuren von seinen kleinen Tatzen im Schnee, er selbst bleibt verschwunden. Bruno hat bloß noch ein Ohr, aber sie liebt ihn über alles und kann ohne ihn nicht einschlafen. Mona weint, und sie wacht auf, als Mama ihr übers Haar streicht. Es war glücklicherweise nur ein Traum, Bruno liegt neben ihr auf dem Kissen. Mama gibt ihr einen Kuss und geht wieder hinaus, sie bemerkt Josephine nicht, die unter der Bettdecke auf Monas Bauch liegt. Mona nimmt Bruno in den Arm, er ist ganz nass geworden von ihren Tränen. Sie weiß jetzt, was sie tun muss.

Nach dem Frühstück sagt Mona Papa und Mama Bescheid, dass sie etwas erledigen muss.

Mona hat Josephine mit einem kleinen Kissen in eine Tasche gepackt und macht sich auf den Weg zu Sophie, die auf der anderen Seite des Parks wohnt. Sie läuft durch den Schnee, heute sind ihre Füße nicht kalt, Mama hat ihr die neuen Stiefel heute Morgen gegeben.

Schon von weitem sieht sie Sophie auf der Bank sitzen, sie starrt vor sich hin und hebt nicht einmal den Kopf, als Mona vor ihr steht. Mona ist aufgeregt, sie hat fast ein wenig Angst vor Sophie. Schnell drückt sie ihr die Puppe in den Arm. Sophie schaut ungläubig, dann strahlt sie über das ganze Gesicht. Auch sie ist furchtbar aufgeregt, sie mochte Mona bisher nicht, aber sie wird es ihr nie vergessen, dass sie Marie zurückgebracht hat. Beide Mädchen wissen nicht, was sie sagen sollen, stehen da und schauen die Puppe an. Mona verabschiedet sich schließlich und wünscht Sophie fröhliche Weihnachten. Sophie will auch gehen, als ihr etwas einfällt. Sie dreht sich noch einmal um und fragt, ob Mona Lust hat, nächste Woche mal mit ihr Schlittschuh laufen zu gehen. Mona hat keine Schlittschuhe, aber Sophie hat noch ein Paar in Monas Größe, die sind ihr zu klein, und sie kann ihr auch das Laufen beibringen. Jetzt ist es Mona, die Sophie ungläubig ansieht.

Am 24. Dezember um die Mittagszeit stapfen zwei kleine Mädchen durch den Schnee nach Hause. Und beide glauben, dass Weihnachten doch noch ein richtig schönes Fest wird.

Cathrin Block

Heimkehr

Die Eisenstreben, die das Bahnsteigdach trugen, waren immer noch in diesem ganz besonderen Braunrot gestrichen. „Ochsenblut“ hatte der Vater die Farbe genannt. Sie hatte es nicht vergessen.

Mit ihren Krücken humpelte sie die Treppe hinunter in den Tunnel, der zur Bahnhofshalle führte. Sie würde sich ein Taxi leisten müssen. Früher hätte sie gewusst, wie die Busse fuhren, aber das war fünfzehn Jahre her und ihr Fuß schmerzte unter dem Gipsverband.

Vor dem Bahnhof hatte man vor kurzem kräftig umgebaut. Der Asphalt schimmerte noch in makellosem Anthrazit und die Bürgersteige waren neu gepflastert worden. Den Taxistand hatte man ein paar Schritte nach links verlegt.

Einen Augenblick blieb sie stehen. Es war fremd – und doch so vertraut. Sie erinnerte sich noch an den Geruch des nahen Flusses, an den warmen Schein der Adventsbeleuchtung, an die bunten Fachwerkfassaden. Hier hatte sie oft gestanden in den ersten achtzehn Jahren ihres Lebens, immer wenn sie auf Klassenfahrt oder zur Disko in die nahe Großstadt fuhr. Fünfzehn Jahre war es her, dass sie das alles zum letzten Mal gesehen hatte – und bis auf ein paar Kleinigkeiten war alles noch beim Alten. Kleinstadt eben. Sie lächelte schief.

Der Rucksack drückte und sie machte sich auf den Weg zum Taxistand.

Ob sie im Zirkus wohl ohne sie zurechtkamen? „Ich kann doch die Karten verkaufen“, hatte sie zu Giovanni gesagt.

Doch er schüttelte den Kopf. „Und was soll Nicole dann machen? Sie ist keine Seiltänzerin wie du. Es ist besser, wenn jetzt im Winter ein Esser weniger da ist, das weißt du. Kurier deinen Fuß aus und im Frühjahr bist du dann wieder bei uns. Deine Eltern werden dich schon nicht fressen. Das tun sie nie.“

Nein, fressen würden sie sie nicht, nur ignorieren.

Der erste Taxifahrer in der Reihe hielt ihr die Beifahrertür auf. Sie bat ihn, die Krücken zu nehmen, während sie auf einem Bein balancierte und den Rucksack von den Schultern gleiten ließ. Er verstaute ihn im Kofferraum, zusammen mit den Krücken, während sie in den Sitz fiel.

„Wo soll es hingehen?"

„Nach Hause", dachte sie. „Ein seltsames Gefühl."

Wahrscheinlich waren die Eltern sogar froh, als sie damals abgehauen war. Sie hatte es einfach nicht länger ausgehalten. Mutter war den ganzen Tag mit ihrem Haushalt und dem großen Garten beschäftigt, Vater hatte tagsüber seinen Kfz-Betrieb und nach Feierabend die Zeitung und den Fernseher. Sie fragte sich manchmal, wieso die beiden überhaupt ein Kind haben wollten. Im Grunde interessierten sich beide nur für sich selbst. Sie hatte immer nur gestört.

„Junge Frau, wohin denn nun?"

Sie wandte sich dem Fahrer zu. „Entschuldigen Sie. Ich bin das erste Mal seit langer Zeit wieder hier. Da geht einem viel durch den Kopf." Sie nannte die Adresse.

Er startete den Motor. „Leben Ihre Eltern hier?"

Überrascht schaute sie ihn an. „Woher wissen Sie das?"

Er grinste. „Sie sind an Heiligabend unterwegs und tragen keinen Ring. Wohin will man schon an Weihnachten, wenn man keine eigene Familie hat?"

„Und Sie? Haben Sie Familie?", konterte sie.

„Ja, und ich freue mich schon auf die Gans nachher. Meine Frau kocht fantastisch."

„Meine Mutter auch." Die Gänsebraten ihrer Kindheit hatte sie in all den Jahren wirklich vermisst. Im Zirkus gab es selten Geld für eine Weihnachtsgans und keiner konnte wirklich gut kochen.

„Wie lange waren Sie nicht mehr zu Hause?" Die Ampel wurde grün und der Fahrer rollte mit der Schlange langsam in Richtung Innenstadt.

„Ist hier jetzt immer so viel los?“, versuchte sie ihn abzulenken. Sie hatte keine Lust, ihr ganzes Leben vor ihm auszubreiten.

„Die wollen alle zum Krippenspiel in der Stadtkirche. Kennen Sie das noch? Ist immer noch sehr beliebt, um die Kinder beim Baumschmücken aus dem Haus zu haben.“ Er bremste, weil die Schlange wieder stoppte.

Das Krippenspiel. Als Kind hatte sie immer dorthin gewollt. In der Schule erzählten sie Wunderdinge darüber. Aber Vater und Mutter hatten niemals Zeit. Den Nachmittag vor Heiligabend verbrachte sie regelmäßig in ihrem Zimmer vor dem Fernseher. „Ich habe es nie gesehen“, sagte sie bedauernd.

Der Fahrer schaltete und rollte langsam weiter. „Sind Sie von zu Hause abgehauen?“, fragte er, ohne den Blick von seinem Vordermann zu lassen.

Sie sog scharf die Luft ein. Der Typ war wirklich hellsichtig.

„Sie müssen entschuldigen“, er bremste wieder, „das war zu neugierig. Aber wenn man zig Jahre Taxi fährt, kriegt man einen Blick für Menschen und man möchte eben wissen, ob das, was man sich zusammenreimt, auch stimmt. Sie müssen nicht antworten. Tut mir leid.“

„Schon gut.“

„Warum eigentlich nicht?“, dachte sie. „Ich sehe den Mann nie wieder.“ Also sagte sie: „Es stimmt. Ich habe mich zu Hause nicht wohl gefühlt. Aber jetzt mit dem Fuß kann ich nicht arbeiten, und der einzige Ort, wo ich ohne Geld bleiben kann, ist mein Elternhaus.“ Sie sah auf die roten Lichter des Vordermanns, die sich ein Stückchen vorwärts bewegten und dann wieder hell aufleuchteten. „Ich fürchte mich ein bisschen, es ist eine lange Zeit vergangen.“

„Haben Sie in all den Jahren nicht geschrieben oder telefoniert?“

„Nein. Ich wollte nicht und die Eltern haben es auch nicht getan. Ein Cousin meines Vaters wusste, wo ich war, sie hätten sich jederzeit bei mir melden können. Aber ich bin sicher, dass sie keine Ahnung haben, was ich mache und wie ich inzwischen lebe. Sie haben sich nie für mich interessiert.“

„Glauben Sie?“

„Ja, denn ich wusste jederzeit, wie es ihnen geht, und sie hätten den Onkel nur zu fragen brauchen, er hätte es ihnen bestimmt erzählt. Aber ... nun ja ...“ Sie verstummte.

„Sie hatten keine schöne Kindheit, was?“

Sie zuckte mit den Schultern.

Die Schlange bewegte sich weit genug voran, dass der Fahrer auf die Linksabbiegerspur wechseln konnte. Als die Ampel auf Grün sprang, war die Straße für das Taxi endlich frei. Er fuhr um die Innenstadt herum, nahm die Brücke über den Fluss und war in kurzer Zeit in der Siedlung angekommen, in der die Eltern lebten.

Sie wünschte, dass der Stau noch zwei Stunden gedauert hätte.

„Macht zwölf Euro“, sagte der Fahrer.

Sie kramte in der Jackentasche nach ihrem Portmonee und gab ihm das Geld.

Er steckte es weg und sah sie an. „Vielleicht können Ihre Eltern ihre Liebe einfach nur nicht zeigen“, sagte er und löste seinen Gurt. „So was gibt’s.“ Er stieg aus, um ihr Gepäck und die Krücken zu holen. Dann half er ihr, den Rucksack zu schultern. Beim Einsteigen winkte er noch einmal. „Fröhliche Weihnachten.“

„Fröhliche Weihnachten“, rief sie den roten Lichtern nach. Sie wünschte, sie wäre in Giovannis gemütlichem Wohnwagen.

An der Haustür hing ein Tannenkranz mit roten Schleifen. Sie klingelte. Es dauerte eine Ewigkeit, bis jemand kam, dann stand der Vater in der Tür, umhüllt von einem Schwall Gänseduft.

„Hallo.“ Sie stockte, weil sie nicht weiterwusste.

Der Vater starrte sie einen Augenblick an. „Kind“, sagte er schließlich, „komm rein, es ist kalt draußen. Mutter war sicher, dass du kommst, seit sie weiß, dass du vom Seil abgestürzt bist und dir den Fuß gebrochen hast. Sie hat die Plätzchen gebacken, die du so gerne magst.“ Seine Augen glänzten verdächtig. Er wedelte ungeduldig mit der Hand. „Komm endlich und steh da nicht rum, im Fernsehen läuft gerade ein guter Film.“

Sie war zuhause.

Patricia Koelle

Julis Weihnachtsaufgabe

Leise öffnete Juli die dritte Tür rechts. Aus dem Büro am anderen Ende des langen Flures hörte sie schon die gezackte Stimme der Seniorenheimleiterin: „Wo bleibt Lernschwester Juliane? Die Betten in der Vierundzwanzig sind dran, und Herr Podewils ist immer noch nicht rasiert!“

Herrn Podewils würde das nichts ausmachen, wusste Juli. Er konnte es nicht leiden, rasiert zu werden. „An den Stoppeln merke ich, dass ich noch lebe“, sagte er meist und strich sich zärtlich mit seiner knorrigen Hand über das Kinn. Juli dachte dabei an einen alten Baum, der sich darüber freut, dass seine Blätter austreiben. Es war immer noch seltsam für sie, einem Fremden so nahe zu sein, wie sie Herrn Podewils mit dem Rasierapparat kommen musste. Schließlich war sie bis vor kurzem noch gezwungen gewesen, sich mit so abstrakten Dingen wie Techniken der Ölgewinnung, Texten von Brecht und Gleichungen mit einem rätselhaften X zu beschäftigen. Die hatten ihr nicht in die Augen sehen können und auch nie nach ihrer Hand gegriffen, als hofften sie, Antworten dadurch zu finden. Herr Podewils konnte seine Stoppeln ruhig noch ein paar Minuten behalten.

„Ich habe Ihnen einen Tannenzweig mitgebracht, Frau Rosenplanter“, sagte Juli zu der schmalen Dame hinter der dritten Tür rechts. Sie war kaum zu sehen in ihrem Bett mit dem aschgrauen Vorhang. Kaum größer als die Bettnische war das Zimmer, aber es passte zu Frau Rosenplanter, die man in einem größeren womöglich gar nicht wiedergefunden hätte. Juli nannte sie insgeheim „das Irrlicht“, denn sie hatte als Kind ein Lieblingsbilderbuch gehabt, in dem ein freundliches Irrlicht eine hoffnungsvolle Rolle gespielt hatte. Frau Rosenplanter tauchte ebenso wie dieses oft an unvermuteten Orten auf. Mal im Garten hinter einem Busch, mal im Wandschrank oder hinter einer Tür, auch im Zimmer eines anderen Bewohners. Einmal war sie in den Wald gelaufen, und Juli hatte sie suchen müssen. Sie fand Frau Rosenplanter friedlich auf einem Stein am Teichufer sitzend. Die Pantoffeln, in denen sie losgelaufen war, hingen ordentlich an einem Zweig, und Frau Rosenplanter spritzte mit ihren fröhlich nackten Füßen Wassertropfen in Richtung der Wolken. Das war im November. Die Oberschwester beschwor Juli, diesen Vorfall zu verschweigen. Zum Glück trug Frau Rosenplanter keine Lungenentzündung davon, nur ein seliges Lächeln, das tagelang nicht fortwollte.

Nicht immer wusste sie, wo sie war, doch an anderen Tagen war sie vollkommen wach. Immer aber strahlte etwas wie Mondschein aus ihren Augen.

Im Gegensatz zu manch anderen im Haus, ob Bewohner oder Pflegekraft, war nie Blitz und Donner in ihrer Stimme. Beschwerte sich jemand über die Suppe oder regte sich die Oberschwester über den Elektriker auf, hatte Frau Rosenplanter ein paar sanfte Worte, die die Spannung im Raum zusammenfallen ließen wie ein misslungenes Omelett. Hatte sie gerade einen ihrer verwirrten Momente, so strich sie den anderen trotzdem zart über den Handrücken, und meist sahen die dann überrascht in das Leuchten ihrer Augen, die merkwürdig größer schienen als der Rest von ihr, und erkannten danach ihren Ärger nicht mehr wieder.

Doch vor einigen Tagen, genau am dritten Advent, war Frau Rosenplanter bettlägerig geworden. Die Ärztin hatte den Kopf geschüttelt. „Sie hat keine Schmerzen“, hatte sie zur Heimleiterin gesagt. „Man kann auch nichts mehr tun. Ihre Zeit ist ganz einfach abgelaufen. Wenn es schlimmer wird, lassen Sie sie ins Krankenhaus bringen.“

Seitdem verschwand Frau Rosenplanter mehr und mehr. Es war, als wären nur noch ihre Augen übrig. Doch aus diesen schien immer noch Mondlicht, und ihr Lächeln war verschmitzt. Juli freute sich jeden Morgen darauf.

„Ich dachte, Sie sollen es hier auch ein bisschen weihnachtlich haben“, sagte Juli und steckte den Tannenzweig in eine grüne Flasche. Aus ihrer Kitteltasche holte sie eine eisblaue Kugel mit einer silbernen Schneeflocke darauf und hängte sie vorsichtig an die Spitze.

„Danke, Kind“, sagte Frau Rosenplanter und lächelte. „Aber in meinem Alter sind die Feiertage kaum noch wichtig. Die Jahre vergehen so schnell, da ist Weihnachten nicht mehr als ein kurzes Husten.“ Sie tastete auf ihrem Nachttisch herum. „Schau mal, ich habe in einer alten Tasche etwas gefunden. Ich schenke es dir.“ Ihre Hand, kaum spürbarer als der Nebel vor dem Fenster, steckte Juli etwas zu. Es war ein Röhrchen aus Blech, mit einem Schlitz darin und einer langen Schnur am Ende. Außen war es mit gelber Farbe und winzigen bunten Vögeln bemalt. Juli drehte es ratlos hin und her. „So was kennt ihr gar nicht mehr, gell?“, fragte Frau Rosenplanter heiter. „Diese Pfeifen gab es früher auf dem Jahrmarkt. Als ich klein war. Du schleuderst sie an der Schnur im Kreis und dann zwitschert sie wie ein Vogel.“

Juli wollte es ausprobieren, doch Frau Rosenplanter hob die Hand. „Nicht jetzt“, sagte sie. „Hier ist kein Platz und meine Ohren sind müde.“

Sie war schon eingeschlafen, als Juli das Zimmer verließ.

An Heiligabend hatte Juli Frühdienst. Sie schmierte zweiundvierzig Brötchen und verteilte die Tabletts auf die Zimmer, während die Oberschwester den Lieferanten herumkommandierte, der die frischen Lebensmittel gebracht hatte.

Zwischen dem neunundzwanzigsten und dem dreißigsten Tablett kam Schwester Britta in die Küche gestürmt. „Frau Rosenplanter! Wir müssen den Krankenwagen rufen! Frau Rosenplanter hat einen Herzanfall.“

Die Heimleiterin folgte ihr mit ruhigem Schritt. „Ich mache das schon“, sagte sie. „Lernschwester Juliane, gehen Sie zu Frau Rosenplanter und bleiben Sie bei ihr, bis der Wagen da ist.“

Juli stand einen Moment erstarrt, dann ließ sie Messer und Brötchen fallen und sauste los.

Frau Rosenplanter saß kerzengerade im Bett. Das Mondlicht in ihren Augen war von einer Wolke verschleiert. Sie zog Juli nachdrücklich am Ärmel zu sich heran. Ihre Lippen bewegten sich. Juli musste ihr Ohr ganz nahe an die Worte halten, um sie verstehen zu können.

„Schnell! Ich wünsche mir jetzt doch noch was zu Weihnachten!“, flüsterte Frau Rosenplanter. „Ich wünsche mir den Sommer!“

Juli hielt den Atem an und fühlte sich klein.

Ein Schmunzeln turnte über Frau Rosenplanters winziges Gesicht. „Keine Angst“, flüsterte sie. „Ich meine ja nur ein Glas kalte Milch. Ich muss die ganze Zeit an einen Tag denken, an dem ich mit Rafael auf einen Berg gestiegen bin. Wir feierten seinen siebenundzwanzigsten Geburtstag, und es duftete nach jungem Gras und Thymian. Irgendwo sang eine Lerche. Der Himmel war so hoch und blau, dass ich dachte, ich würde darin verlorengehen, wenn nicht Rafael mich bei der Hand gehalten hätte. Es gab nirgends Schatten und wir waren verschwitzt und müde. Und glücklich.“ Die leise Stimme machte eine kurze Pause, um nach ein wenig Luft zu suchen. Doch Frau Rosenplanter hatte es eilig. Fest griff sie nach Julis Handgelenk. „Auf einer Alm bekamen wir ein Glas frische kalte Milch … Sie schmeckte wie das Paradies … nach Sommer und nach dem Besten im Leben. Ich hatte das Gefühl, dass es nichts mehr gab, was wir uns noch hätten wünschen können.“ Mühsam fing sie wieder einen Atemzug. „Und jetzt möchte ich noch einmal kalte Milch schmecken!“

„Ich bin sofort wieder da“, versprach Juli und legte Frau Rosenplanters Hand sanft unter die Decke.

„Schnell! Aber kalt muss sie sein!“, lief ihr das Flüstern hinterher.

Juli spürte ihr Herz im Hals klopfen, als sie den Flur entlangrannte, der immer länger wurde. Sie warf einen nervösen Blick aus dem Fenster. Vom Krankenwagen war zum Glück noch nichts zu sehen oder zu hören.

In der Küche riss sie die Kühlschranktür auf. Keine Milch! Sie konnte sich nicht erinnern, ob da sonst welche war. Sie packte Micha, der für die Küche zuständig war und gerade das Obst sortierte, an den Schultern. „Haben wir Milch?“

„Die Alten vertragen die doch meistens gar nicht“, sagte er. „In der Kammer steht noch H-Milch, falls wirklich mal jemand welche will.“

H-Milch! „Und kalt ist sie auch nicht!“, stellte Juli entsetzt fest.

„Mach doch Eiswürfel rein!“, schlug Micha unbekümmert vor. „Das schmecken die Alten doch gar nicht.“

Der Blick, der ihn traf, hätte einen blauen Fleck hinterlassen müssen. Frau Rosenplanter einen verwässerten Sommer schenken? Undenkbar.

Einen Supermarkt gab es in der Straße nicht. Juli stürmte trotzdem hinaus, warf einen ängstlichen Blick um sich. Noch kein Krankenwagen. „Weihnachtsmann, wenn es dich doch gibt, halte wenigstens die Sanitäter auf“, dachte sie. „Es geht um Frau Rosenplanters letztes Weihnachtsgeschenk, und ich kann nicht warten, bis du es bringst.“

Sie drückte am Nachbarhaus auf irgendeine Klingel. Das dunkle Gebäude ließ sie gnädig summend ein.

An der ersten Wohnungstür, auf die sie traf, hing eine blaue Weihnachtskugel. Das machte ihr Mut. Auf ihr Klingeln hin öffnete eine dauergewellte Frau im cremefarbenen Kostüm.

„Bitte, haben Sie ein Glas kalte Milch? Es ist ein Notfall!“, stieß Juli hervor.

Die Frau musterte sie. „Karl, komm mal“, rief sie über die Schulter.

Karl kam und betrachtete Julis weißen Schwesternkittel. „Wo sind Sie denn entlaufen?“, fragte er. „Wir verkaufen nichts.“

Er schloss die Tür und schob den Riegel vor. Juli hörte ihn knirschen, oder vielleicht waren es auch ihre Zähne. Sie musste an Maria und Joseph denken. Jetzt wusste sie, wie die sich auf der Suche nach einer Herberge gefühlt hatten.

Es war wie ein schrecklicher Adventskalender. Hinter der nächsten Tür kam ein dicker Mann im Unterhemd hervor, der nach Alkohol roch und Juli angrinste. Sie fragte trotzdem. Frau Rosenplanter und ihr fehlte die Zeit, um wählerisch zu sein. „Komm rein, Schwester, dann bekommste was Besseres als Milch“, grölte er.

Juli flüchtete schleunigst in den zweiten Stock.

Im dritten schließlich öffnete ihr ein kleines Mädchen.

„Habt ihr Milch?“, japste Juli.

Das Mädchen starrte sie an, streckte die Hand nach dem weiten weißen Kittel aus und musterte Julis lange Haare, die sich aus ihrem ordentlichen Pferdeschwanz gelöst hatten. „Papa“, rief das Mädchen, „das Christkind ist da, und es weint!“

Ein junger Mann kam und nahm das Mädchen bei der Hand. Er sah Juli freundlich an.

„Ich brauche den Sommer“, stotterte Juli. „Ich meine, ich brauche ein Glas Milch. Frau Rosenplanter stirbt, und das ist ihr Weihnachtswunsch. Aber kalt muss sie sein!“

Der Mann verschwand. Juli wusste jetzt genau, wie lang eine Ewigkeit ist.

Am Ende der Ewigkeit kam er wieder. Das Glas in seiner Hand trug eine rote Schleife, und kleine Engel und Glocken waren darauf geklebt. „Ich habe es noch schnell dekoriert“, sagte er. „Wenn es doch ein letztes Weihnachtsgeschenk ist. Wir hatten nur Biomilch, ich hoffe, das ist in Ordnung.“

Juli schenkte ihm einen atemlosen Kuss auf die Wange. Das Glas in ihrer Hand war so eiskalt wie ihre Zehen morgens um fünf an der Bushaltestelle.

Als sie mit der Milch den Flur entlanglief, hörte sie draußen die Sirene. Rennen konnte sie nicht, sie hatte ja das volle Glas in der Hand, behutsam, als wäre ein ganzes Leben darin. Plötzlich aber lief alles wie in Zeitlupe. Irgendwo hielt wohl der Weihnachtsmann seine Hand an die Uhr und bremste den Zeiger.

Als Juli endlich die Tür zu Frau Rosenplanters Zimmer öffnete, hörte sie die Sanitäter vorn das Büro der Heimleiterin betreten, hörte deren Stimme ohne Eile mit ihnen verhandeln, hörte Papier rascheln, hörte sogar ein unterdrücktes Lachen. Juli huschte ins Zimmer, schloss die Tür fest hinter sich und schickte damit alle Geräusche fort.

Sie reichte Frau Rosenplanter das Glas. Erst dann fingen ihre Hände an zu zittern, und sie steckte sie in die Tasche.

Frau Rosenplanters Hände waren ruhig, auch wenn sie beide brauchte, um das Glas zu halten. Aufrecht saß sie in ihrem dicken Kissen wie auf einer Wolke, und mit jedem Schluck kehrte das Mondlicht heller in ihre Augen zurück.

„Schön kalt“, sagte sie, und ihr Lächeln kam, ein Lächeln groß wie ein ganzer Sommer. „Ein schöneres Weihnachtsgeschenk hättest du mir nicht machen können.“ Ihre Stimme war wieder klar. Sie trank Schluck für Schluck. „Das war alles, was ich mir vom Leben noch gewünscht habe“, sagte sie zufrieden und lehnte sich entspannt zurück.

Dabei fing sie die Frage auf, die Juli nicht zu stellen wagte. „Ja, Kind“, sagte sie sanft. „Manchmal ist es wirklich so einfach.“

Auf dem Flur näherten sich die schweren Schritte der Sanitäter und das Klappern der Trage.

Frau Rosenplanter reichte Juli die Hand. „Danke!“, sagte sie. Nicht „Auf Wiedersehen“.

Dann musste der Weihnachtsmann den Finger von der Zeit genommen haben, denn auf einmal ging alles ganz schnell. Juli wurde beiseite geschoben.

Sie verrichtete leise ihren Dienst weiter und hörte noch vor der Mittagspause, dass Frau Rosenplanter aufgehört hatte zu atmen, kurz nachdem man sie in der Klinik auf ein Zimmer gebracht hatte.

Juli ging zu Herrn Podewils. „Sie dürfen mich rasieren“, sagte er tröstend. Das Knattern seiner Bartstoppeln, als der Apparat sie abmähte, gab heute tatsächlich nicht nur ihm das Gefühl, noch lebendig zu sein.

„In ihren Augen war ein beschwingter Frieden, so was habe ich noch nie gesehen“, sagte Juli zu Herrn Podewils, als der Apparat schwieg.

Draußen läuteten die Kirchenglocken und machten dann einer erwartungsvollen Stille Platz.

Auf dem Heimweg durch die seltsam feierliche Dämmerung, die den Park füllte, steckte Juli die Hände tief in ihre Jackentasche. Etwas Kühles rutschte in ihre Hand. Es war die uralte Pfeife, sonnengelb mit kleinen Vögeln darauf. Juli wickelte die Schnur ab und wirbelte das fingerlange Stückchen Blech in einem hohen Kreis.

Ein Vogelzwitschern begann leise und breitete sich um ihre Schritte herum aus, als wäre Sommer.

Tanja Thomsen

Kein Weihnachten

Es sollte ein Abenteuer werden. Einmal Wüste, bitteschön. Ziel nach achttägiger Trekkingtour: Jerusalem. „Karawanentraum unter tausend Sternen“ stand im Katalog des Reiseanbieters. Schon nach zwei Tagen Fußmarsch kam es mir eher vor wie eine Strafe. Vor mir ein dicker, pelziger Kamelhintern, hinter mir ein gelassen blickendes Kamelgesicht. Die Reiseteilnehmer waren drei Finnen und zwei Franzosen. Als Trekkingführer fungierten eine Handvoll Nomaden und Karawanenbegleiter – allesamt schweigsame, hübsche Einheimische, die sich insgeheim mit blitzenden schwarzen Augen über die weißhäutige Studentin mit den überzogenen Erwartungen lustig machten. Ansonsten ein Haufen Gepäck, Proviant und etwas Handelsware: Pakete, zusammengerollte Teppiche und ein altes Grammophon mit einer Kurbel zum Aufziehen.

Bald nach dem Aufbruch war mir klar geworden, dass ich mir unter Winterferien „da, wo's warm ist“ mit einem Hauch Lagerfeuerromantik etwas anderes vorstellte. Meine Kommilitonin hatte mir den Floh ins Ohr gesetzt, als sie von ihren aufregenden Erlebnissen bei einem Trip durch den Sinai erzählte. Nur mit Rucksack und einem Kameltreck unterwegs zu bizarren Naturformationen, bei extremen Klimaschwankungen, Nächten unter freiem Himmel, netten Begegnungen mit den Einheimischen und, und, und. Es hatte alles so verführerisch geklungen und erwies sich als reine Tortur. Die Hitze tagsüber war brutal, die Nächte waren eisig. Abgesehen von den Leuten in der Karawane gab es nichts und niemanden. Sie sprachen wenig und noch schlechter Englisch als ich. Ich spürte ihre belustigten, herablassenden Blicke und ärgerte mich. Ansonsten waren ihre Kamele ihnen wichtiger, und die trieben sie mit stoischer Gelassenheit über den glühenden, steinigen Wüstenboden.

Ich wanderte mit immer stärker schmerzenden Füßen hinter dem haarigen Kamelhintern her und dachte darüber nach, wie ich die kommenden Tage heil überstehen sollte.

In drei Tagen war Heiligabend. Meine Familie feierte dieses Jahr bei Oma. Im schneebedeckten Erzgebirge. Ohne mich.

Zum Vorlesungsbeginn wollte ich braungebrannt und vollgestopft mit Eindrücken und Abenteuern wieder ins heimatliche Bayern zurückkehren.

Leider hatte gestern ein Sandsturm die Kamera beschädigt. Ich würde nicht einmal Fotos zeigen können. Und ob ich eine sommerliche Bräune heimbringen würde, wagte ich zu bezweifeln, meine Haut war krebsrot geworden und schälte sich gerade wie bei einer Schlange – darunter war ich mindestens so hell wie vor der Reise.

Meine Gedanken kreisten ständig ums Aufgeben.

Drei Tage bis Weihnachten – und kein Tannenbaum, kein „Ihr Kinderlein kommet". Kein Lichtermeer und keine Geschenke. Kein Mensch, mit dem ich reden konnte ... wollte.

Irgendwo aus dem Nichts der gleißenden Dünen stieß eine zweite Karawane zu uns. Es gab ein kurzes Willkommen, dann mischten sich die Neuankömmlinge in unsere Reihen und es ging im gleichen Trott weiter. Eine ganze Weile.

Plötzlich sagte jemand hinter mir: „He, Studentin!"

Ich drehte mich um. Ein junger Kerl mit samtbrauner Haut und dunklen, interessierten Augen hatte sich angeschlichen. Seine weiße Kopfbedeckung, ein um die schwarzen Locken gewickeltes Tuch, flatterte im Wüstenwind. Er sah aus wie aus einem arabischen Märchen. Ein Prinz, ein orientalischer Königssohn!

„Äh ...", antwortete ich.

Er grinste. Sagte dann in perfektem Deutsch: „Mund zu, sonst weht Sand rein!"

Ich klappte meine Zähne lauter als beabsichtigt aufeinander. Gut, dass mein Sonnenbrand die jähe Röte überdeckte, die mir ins Gesicht stieg.

„Ich bin mit der anderen Karawane gekommen."

Ich nickte nur.

„Hab gehört, du bist eine verrückte Studentin, die hier Abenteuer erleben will. Und? Wie ist es so?“

„Äh ...“

„Ich verstehe!“ Und grinste wieder mit blitzenden Zähnen. „Ich bin aus Jerusalem, studiere aber in Frankfurt. Wann immer ich frei hab, komme ich nach Hause und helfe meinem Vater. Er ist Reiseleiter.“ Er zeigte mit einer ausholenden Geste auf die Karawane.

„Echt?“ Mein Ton klang abwertend. Und es tat mir gleich leid.

Er ließ sich nichts anmerken. „Wir können uns doch unterhalten unterwegs. Ich heiße Sarim.“

Versöhnlich nickte ich.

„Hannah“, stellte ich mich vor.

Wenigstens hatte ich nun jemanden zum Reden.

Ich kam mir doof vor, als er mir meinen Rucksack abnahm. Seit wann trugen Wüstenprinzen Gepäck von verwöhnten deutschen Frauen? Gleichzeitig war ich so erleichtert, dass sich meine Laune schlagartig besserte.

Ich schaute mir Sarim an, während er irgendwas erzählte. Diese schwarzen, dichten Wimpern, die lange, leicht gebogene Nase. Er war nicht nur gutaussehend. Er war märchenhaft. Ich hatte noch nie einen so schönen Mann gesehen!

Sarim kicherte. „Ja, also meinen Krummsäbel habe ich daheim gelassen. Mein schwarzes Araberpferd hab ich verliehen.“

Ich erwachte aus meinen Träumen von Tausendundeiner Nacht. Peinlich, ich hatte ihn angeglotzt wie ein Schaf. „Was?“

„Du guckst mich so an! Hast du eigentlich etwas von dem mitbekommen, was ich erzählt habe?“

Ich räusperte mich. „Kannst du’s wiederholen?“

Heiligabend. Irgendwo in der Wüste – einen Tagesmarsch von Jerusalem entfernt.

Angelehnt an eine Felswand starrte ich frierend ins Lagerfeuer. Ich vermisste den Geruch nach Tannenbaum.

„Bratapfel! Weißt du, was ich jetzt für Bratapfel tun würde, Sarim?“

Er lächelte erwartungsvoll. „Sag’s mir! Was würdest du für Bratapfel tun?“

„Mit Marzipan müsste er schon gefüllt sein!“

„Tut mir leid, damit kann ich nicht dienen.“ Er warf mir einen Apfel zu und kramte eine kleine Pfanne aus seinem Gepäck.

„Was ist mit Glühwein, Lebkuchen und Weihnachtsmusik?“

Sarim rümpfte die Nase. „Scheußlich!“

„Das ist Weihnachten, Mann! Heute! – Hier gibt’s keinen Schnee, keine Plätzchen, noch nicht mal Kerzen!“

„Hey, ich dachte, du wolltest ein Abenteuer erleben? So ‘n Outdoor-Ding mit Grenzerfahrungen und wochenlang dieselben Klamotten tragen.“

Sarim nahm den Apfel wieder in die Hand und polierte ihn an seiner Hose. Dann schnitt er ihn mit einem Taschenmesser in zwei Hälften und legte sie in die Pfanne, die er auf das Feuer stellte. Ich antwortete nicht.

Ich hatte mir von diesem Trip durch die Wüste so viel versprochen. Ausbrechen aus dem Alltagstrott. Den Weihnachtskommerz hinter mir lassen. Die altmodischen Traditionen, die ewig gleichen Streitereien mit meiner Familie an Heiligabend, den lästigen Gang zur Kinderchristmette mit dem jedes Jahr gleich langweiligen Krippenspiel – Hirten, Schafe, Strohsterne, dann Gänsebraten, Lametta ... Weihnachten war mir immer so auf den Keks gegangen!

Und jetzt saß ich hier, neben dem schönsten Mann der Welt, diesem Königssohn aus Tausendundeiner Nacht, mit Sonnenbrand und schmerzenden Füßen zwischen Kameldung und Sand und sehnte mich wie nie zuvor nach Weihnachten und nach Zuhause.

Der Duft von gebratenem Apfel stieg mir in die Nase. Sarim reichte mir mein Camping-Besteck und rutschte mit der heißen Pfanne nah zu mir heran. So nah, dass wir gut gemeinsam aus der Pfanne essen konnten. So nah, dass ich seine Wärme spürte. Es war dunkel geworden und sehr kalt. Im Schein des Lagerfeuers schimmerten Sarims Hände wie Bronze.

„Guten Appetit!“ Er lächelte mich an und nahm den ersten Bissen.

Der Apfel schmeckte anders als die mir bekannten Weihnachtsbratäpfel, aber trotzdem wunderbar.

„Weißt du, dass vor etwa zweitausend Jahren ein junges Paar ein gutes Stück nördlich von hier unterwegs war und sich auch nach daheim sehnte?“

„Aha?“, antwortete ich.

„Sie war schwanger und musste auf einem Esel reiten. Er ging zu Fuß. Schwanger auf einem Esel zu reiten ist sicher furchtbar.“

„Maria und Josef“, stellte ich fest.

„Tatsächlich“, dachte ich. „Irgendwo von hier kamen die zwei.“ Mich fröstelte.

Sarim fachte die Flammen unseres Feuers neu an. Dann stand er auf und verschwand im Dunkeln. Ließ mich allein mit dieser ungeheuer alten Geschichte. In der Kälte dieser ungeheuer alten Wüste.

Leise tappte Sarim wieder ans Feuer. Im Arm hatte er einen viereckigen Kasten mit einer Kurbel. Das Grammophon!

„Da gab’s ein paar Platten in einer Tasche. Es ist keine Weihnachtsmusik, aber vielleicht geht das auch.“ Er breitete einige Papphüllen vor mir aus. Im Schein des Feuers konnte ich Namen unbekannter Bands lesen. „Die hier“, entschied ich und deutete auf ein buntes, etwas abgenutztes Cover.

Sarim legte die Platte auf das altmodische Gerät und kurbelte. Erst zaghaft, dann stärker. Schließlich verzweifelt. Es kam kein Ton. Es passierte gar nichts.

„Tut mir sorry!“ Sarims Augen glitzerten geheimnisvoll im Halbdunkel.

„Kannst ja nichts dafür.“

Plötzlich küsste er mich. Es kam so unvermittelt. So unverhofft. So kurz.

Dann saßen wir schweigend da und wärmten uns gegenseitig. Ein leiser Wind flüsterte zwischen den Felsen und über uns leuchteten dieselben Sterne, die auch Maria und Josef schon gesehen hatten in jener Nacht.

Wahrscheinlich hatten sie vor Sorgen und Not keine große Lust gehabt, die Sterne zu bewundern, so wie ich es tat.

Auch Sarim starrte in den Himmel. Eine Sternschnuppe mit einem langen Schweif löste sich aus dem Reigen der leuchtenden Punkte und zog eine weite Bahn über den Horizont.

„Der Weihnachtsstern!“, sagten Sarim und ich gleichzeitig in die Stille hinein.

Am nächsten Tag erreichten wir Jerusalem. Es war grell, laut und gar nicht festlich. Aber ich hatte ein Weihnachten gefunden, das ich mit nach Deutschland nahm und das alles veränderte.

Über die Autoren

Timo Anger wurde 1979 in Berlin geboren. Er ist im Tourismus tätig und lebt und arbeitet in München. Neben dem Schreiben verbringt er seine Freizeit mit Reisen und Sport.

Sabine Bauernschmidt 1964 in Hamburg geboren, fühlte sich ursprünglich auf einer Bühne mit einem guten Pianisten und ihrem Mikrofon wohler als an der Schreibmaschine. Aber als sich im Jahr 2001 Töchterchen Annika ankündigte, waren die Abende fortan verplant, und die Musik blieb auf der Strecke. Im Februar 2005 entdeckte sie das Schreiben für sich und hat mittlerweile ein paar ihrer Geschichten veröffentlicht.

Claus Beese wurde 1955 in der Nähe von Springe in Niedersachsen geboren und lebt seit langem in der Freien und Hansestadt Bremen, wo er als Kundenberater eines Norddeutschen Energieversorgers arbeitet. In seiner Freizeit ist er mit Leib und Seele dem Wassersport verbunden. In seinen Büchern erzählt er am liebsten über die amüsanten Seiten der Angelei oder des Fahrens mit dem Motorboot. Er schildert die kleinen Katastrophen des Lebens, in denen sich jeder wiederfinden kann, auf so humorvolle Weise, dass er seine Leser die ganze Bandbreite der amüsanten Unterhaltung durchleben lässt. Die Begeisterung für seine Hobbys spürt man auch in seinen Geschichten. Ob Fische oder Segelyacht, Gummikreuzer oder Motorboot, zu allem, ja sogar aus der Welt der Elfen und anderer Sagenwesen, weiß dieser Autor etwas beizutragen.

Martina Bethe-Hartwig Geboren 1957 in Celle, wohnt mit Mann und zwei Kindern in Braunschweig, wo sie studiert hat und als Sozialarbeiterin tätig ist. Neben der Gartenarbeit taucht sie gerne beim Lesen in fremde Welten ein. In guter Familientradition (Oma,

Mutter) ist sie vor fünf Jahren zum Schreiben gekommen. Mehrere Veröffentlichungen in Anthologien und in der Zeitschrift „Kurzgeschichten“.

Cathrin Block 1951 in Celle geboren, ausgebildete Lehrerin mit den Fächern Physik, Mathematik und Geschichte, arbeitet heute in einem Telekommunikationsunternehmen. Nebenher leitet sie seit acht Jahren als Dozentin einen Kurs für Prosagestaltung an der Volkshochschule Celle und war 2006 Herausgeberin einer Anthologie mit Weihnachtsgeschichten. 2001 gewann sie den 1. Preis des Kurzgeschichtenwettbewerbs „Alternativwelten“ des Fördervereins „Phantastika Raum & Zeit“ in Braunschweig. Veröffentlichungen u.a. in „Düstere Visionen“, Sonderanthologie der Storyolympiade 2002, und „Märchenzauber“, Sonderanthologie der Storyolympiade 2003.

Katharina Britzen Geboren 1954. Lebe im Dreiländereck Luxemburg, Belgien, Deutschland nahe der ältesten Stadt Deutschlands. Fachhochschulreife, selbstständig, verheiratet, zwei erwachsene Söhne, eine Enkeltochter. Habe 2004 mit dem Schreiben angefangen. Ich singe Sopran in einem Chor. Da ich tagsüber ein Schreibtischtäter bin, jogge und fahre ich Rad zum Ausgleich, wobei mir die Aufenthalte in unserer wunderschönen Mittelgebirgslandschaft gleichzeitig Inspiration sind. Veröffentlichungen: Gedichte in der regionalen Presse und der Bibliothek deutschsprachiger Gedichte, wo ich 2007 zu den Preisträgern gehöre. Kurzgeschichten in der regionalen Presse und in einer Krimi-Anthologie.

Wiebke Dickfeld 1990 geboren in Wiesbaden, hat schon seit vielen Jahren große Freude am Schreiben. Zurzeit besucht sie ein Wiesbadener Oberstufengymnasium und bereitet sich dort auf das 2009 bevorstehende Abitur vor.

Luzia Fischer 1962 in Neusorg/Oberpfalz geboren, wohnhaft in Arzberg/Röthenbach, verheiratet, drei Kinder. Freiberufliche Kunstmalerin, an die dreißig Einzel- und Gesamtausstellungen. Veröffentlichungen: Lyrik in verschiedenen Literaturzeitschriften und Anthologien. Lyrik-Bildband, 3. Auflage, mit dem Titel „Narren-Sehnsucht". Befasse mich seit geraumer Zeit mit Kurzgeschichten, die bereits in Anthologien und in der Tagespresse veröffentlicht wurden.

Manuel Hilmer wurde 1972 in München geboren und ist dort aufgewachsen. Zur Weihnachtsgeschichte inspiriert haben ihn seine Zwillingssöhne. Bei ihnen erlebt er die spannende Entdeckung der Wirklichkeit hautnah mit. Beruflich hat er es als Logopäde in der Stiftung Pfennigparade mit körperbehinderten Menschen zu tun. Beim Schreibwettbewerb „Wer die Zeichen sucht ..." der Internetpräsenz Schreibfeder.de belegte er den ersten Platz. Seine Kurzgeschichte „Neugier" wurde in der gleichnamigen Anthologie (deutex Verlag, 2007) veröffentlicht.

Marie Juillet wurde in den 70er Jahren geboren und lebt nach diversen Umzügen und Reisen durch die Welt momentan im Rheinland. Sie schreibt seit ihrer frühesten Jugend und gewann im Alter von 16 Jahren ihren ersten Schreibwettbewerb. Seitdem hat sie zahlreiche Geschichten und Gedichte geschrieben, von denen ein beträchtlicher Teil in verschiedenen Zeitschriften und Anthologien veröffentlicht wurde (zum Teil unter der Verwendung eines Pseudonyms). Derzeit arbeitet die Autorin an mehreren Buchprojekten, die sich überwiegend mit ihrer Wahlheimat Kanada befassen, und lernt nebenher eine indianische Sprache (Lakota).

Brigitte Kaufmann Geboren 1959 in Kärnten/Österreich. Lebt seit ihrem Studium der italienischen Sprache in Graz, wo sie heute einen kleinen Bed&Breakfast-Betrieb führt. Als Siebenjährige verfasst sie ein Buch mit Geschichten für Kinder. Im Laufe der Jahre kommen Reisetagebücher und zahlreiche Kurzgeschichten hinzu, mit denen sie auch erfolgreich an Literaturwettbewerben teilnimmt. Zu ihren Hobbys zählen Reisen, Fremdsprachen, Kunst und Kultur und das Kochen. Ihre große Liebe gehört Griechenland.

Patricia Koelle Geboren 1964, lebt in Berlin und ist verheiratet. Sie ist Dipl.-Pädagogin und war unter anderem als Schulhelferin und Familienhelferin tätig. Veröffentlichungen in Zeitschriften und Anthologien. 2005 gewann sie den Literaturwettbewerb des On-Demand-Verlags „Mein Buch" und damit eine Buchveröffentlichung. Daher erschien 2006 im „Mein Buch"-Verlag ein Kurzgeschichtenband mit dem Titel „Die Füße der Sterne". Eine Neuauflage dieses Buches wird im Frühjahr 2008 in unserem Verlag erscheinen. 2006 wurde ihre Geschichte „Der Engel am Ende des Himmels" in unserer Anthologie „Weihnachtsgeschichten" veröffentlicht. 2007 erschien ihr Buch „Der Weihnachtswind".

Sabine Ludwigs Geboren 1964 in Dortmund. Lebt mit ihrem Lebensgefährten und einem Sohn in Lünen, NRW. Freiberuflerin/Handel seit 1987. Schreibt seit 2003. Zahlreiche Veröffentlichungen in Anthologien, Zeitschriften und im Internet. Mitglied der Autorengruppe Schreib-Lust, des Vortrags- und Autorenduos Bloody Mary's, Mitarbeiterin in einem Dortmunder Kleinverlag. Drittplatzierte Preisträgerin Literaturpreis Antho? – Logisch! 2007, Fünftplatzierte DELIA 2006. In unserem Verlag erschien ihre Geschichten „Der Engel im Heuhaufen" (in: „Alle Jahre wieder", 2005) und „Schneefreuden" (in: „Weihnachtsgeschichten", 2006).

Eva Markert Jahrgang 1951, wohnhaft in Ratingen bei Düsseldorf, Studienrätin, staatlich geprüfte Übersetzerin, Mitarbeit als Lektorin in einem kleinen Dortmunder Verlag. Zahlreiche Veröffentlichungen von Gedichten und Kurzgeschichten. Zweiter Preis im Kurzgeschichtenwettbewerb „Abenteuer im Frisiersalon" (www.online-roman, 2004) und erster Preis in einem Liebesgeschichtenwettbewerb (DeLiA, 2006). In unserem Verlag erschienen: „Freds jüngste

Kundin“ (in: „Abenteuer im Frisiersalon“, 2004), „Tante Luises Krümelkuchen“ und „Der störrische Engel“ (in: „Heiligabend überall“, 2004), „Das Weihnachtsalbum“ (in: „Alle Jahre wieder“, 2005), „Marzipankartoffeln“ (in: „Weihnachtsgeschichten“, 2006). Ihr Kinderbuch „Adventskalender zum Lesen und Vorlesen“ wurde ebenfalls im Dr. Ronald Henss Verlag veröffentlicht (2005).

Ivan Ott geboren 1934 in Zagreb, Kroatien, ist Journalist beim SWR Stuttgart – Redaktion International. In Deutschland lebt er seit 1961. Als gelernter Diplomelektrotechniker hat er noch die journalistische Ausbildung abgeschlossen. Ivan Ott ist aber nicht nur Journalist. Seine Begabung, mit Worten umzugehen, nutzt er mit Erfolg auch als Schriftsteller. Sein erster Roman „Ukradeno otrostvo“ wurde 1991 in Slowenien in slowenische Sprache und 1999 unter dem Titel „Ukradeno djetinjstvo“ in kroatischer Sprache veröffentlicht. In Kürze wird der Roman auch auf Deutsch unter dem Titel „Geraubte Kindheit“ erscheinen. „Geraubte Kindheit“ ist ein historischer Roman. Er schildert Ereignisse der Nachkriegszeit (Mai 1945-46) im damaligen Jugoslawien, wo etwa 250.000 Menschen umgebracht wurden. Ivan Ott beschränkt sich nicht auf eine literarische Gattung. Mit Vorliebe widmet er sich Kurzgeschichten. Bisher erschienen 2001 „Die Erlebnisse des Don Simeon“. Es kommen immer wieder neue Geschichten und Bücher dazu. 2003 Kinderbuch „Katzengeschichten“, 2005 „Alte und neue Erlebnisse des Don Simeon“, 2007 Kinderbuch „Tiere, unsere Freunde“ usw. Die Werke von Ivan Ott erwecken gemischte Gefühle: sie rühren, sie belustigen, sie machen nachdenklich.

Bernard Pekrul 1964 geboren und in Mössingen (Kreis Tübingen) aufgewachsen. Ausbildung zum mittleren Beamten in Mössingen, Studium der Psychologie in Bremen, wohnhaft seit Ende 2004 in Stuttgart. Wechselnde berufliche Tätigkeiten, was sich so ergibt; im Moment wieder vor einer Neuorientierung. Interessen: Lesen, Reisen, Schreiben, Internet, Sprachen, alte Geschichte.

Ulrike Renk Geboren 1967 in Detmold, aufgewachsen in Dortmund, studierte in Amerika und Deutschland. Sie wohnt mit ihren vier Kindern am linken Niederrhein. Veröffentlichungen von etlichen Kurzgeschichten in diversen Anthologien. 2005 erschien ihr erster Roman „Seidenstadt Leichen" beim Leporello Verlag. 2006 folgten zwei weitere Romane („Seidenstadt Morde" und „Killer, Küche, Knast"). Auch 2007 erscheinen bei Leporello zwei Romane („Seidenstadt Sumpf" und „Tödliches Dinner") und eine Kurzgeschichtensammlung.

Elisabeth Seiberl wurde 1958 in Vorderweißenbach, Oberösterreich, geboren. Nach der Matura in Linz ließ sie sich zur Hauptschullehrerin ausbilden. Diesen Beruf übt sie seit 1980 aus. Dazwischen heiratete sie und bekam vier Kinder, die bereits erwachsen sind. Seit 2006 gibt es mehrere Veröffentlichungen in Anthologien und Literaturzeitschriften.

Antonia Stahn Jahrgang 1948, lebt im Westmünsterland, verheiratet, zwei Töchter, sechs Enkelkinder. Viele Jahre als selbstständige Kauffrau tätig. Begann 2004 mit dem Schreiben. Im Dr. Ronald Henss Verlag wurden verschiedene Kurzgeschichten veröffentlicht: „Auf dem Weg nach Bethlehem" (in: „Heiligabend überall", 2004), „Als der Nikolaus den kleinen Felix rettete" (in: „Alle Jahre wieder", 2005), „Bankgeheimnis" (in: „Plötzlich sah die Welt ganz anders aus. Schlüsselerlebnisse", 2005), „Weihnachten auf Grönland" (in: „Weihnachtsgeschichten", 2006). 2006 erschien ihr Buch „Max und Mäxchen. Kindergeschichten für große und kleine Leser", ebenfalls im Dr. Ronald Henss Verlag und 2007 ihr Weihnachtsbuch „Die Reise vom gläsernen Baum zum blauen Planeten. Eine Weihnachtssaga".

Tanja Thomsen 1978 in Fürstenfeldbruck geboren, schreibt Gedichte und Kurzgeschichten. Sie ist Mitglied der Internet-Autorengruppe Autoren2002. Ihre Interessen sind kreative Tätigkeiten aller

Art, Lesen, Natur, Pferde ... In der Anthologie „Sugar Baby Love – Stories aus den Siebzigern“ wurde 2006 ihre Kurzgeschichte „Paul schweigt“ veröffentlicht, weitere Veröffentlichungen finden sich in drei Anthologien der Bibliothek des deutschsprachigen Gedichtes und im Literaturheftchen „Elfenschrift“.

Leseprobe
Patricia Koelle: Liljas Lichter

Es ist der Tag, an dem die Adventskalender und das Warten zu Ende sind. Doch seit Lilja das vierundzwanzigste Türchen geöffnet hat, hat dieser Tag tief eingeatmet und sich zu einem Berg aufgeblasen, so dass man nicht vom Mittag bis zum Abend sehen kann. Und über diesen Berg muss Lilja ganz alleine. Sie ist einsam heute, so einsam, dass es ihr Angst macht.

Lilja hat vier Geschwister. Alle sind älter als sie und können Dinge, von denen man ihr verspricht, dass sie sie auch können wird. Irgendwann. Wenn die Zeit so weit ist. Die Zeit ist ihr ein Rätsel und im Moment gehört sie nicht zu ihren Freunden.

Sie stellt sich die Zeit vor wie die schwarzen Schallplatten, die ihre Geschwister ständig auf der Maschine mit der spitzen Nadel abspielen. Sie darf sie nicht anfassen, wenn niemand dabei ist. Denn die Platten sind zerbrechlich. Genau wie die Zeit, in der ständig Dinge verschwinden und nicht wiederkommen, so wie das Vorlesen am Abend, das keiner mehr für nötig hält, seit Lilja lesen gelernt hat.

Die vollständige Geschichte findet sich in:

Patricia Koelle: Der Weihnachtswind

Dr. Ronald Henss Verlag, 2007
ISBN 978-3-939937-01-2

Leseprobe

Antonia Stahn: Die Reise vom gläsernen Baum zum blauen Planeten. Eine Weihnachtssaga.

Unsere Vorfahren – die Germanen – haben sich viele Gedanken über die Welt gemacht. Sie glaubten an einen riesigen Baum, den sie Weltesche nannten. Der Sage nach wuchs die Weltesche Yggdrasil auf dem Planeten Venus.

Mit den Bäumen, die wir kennen, ist dieser Baum nicht zu vergleichen. Sein wuchtiger Stamm, die unzähligen Äste und Zweige, selbst die kräftigen Wurzeln sind aus Kristall. Dieses Kristall glitzert und strahlt so hell, dass wir sein Licht mit bloßem Auge von der Erde aus wahrnehmen können.

An jedem Ast, am kleinsten Zweig hängen winzige gläserne Körbchen. Sie werden durch einen leichten Wind stets sanft geschaukelt. In jedem Körbchen liegt ein winziges, zartes Wesen. Herrliche Musik, die von einem weit entfernten Planeten herüberklingt, begleitet seine Träume. Der Schlaf der kleinen Wesen dauert meistens tausend Jahre. Tausend Jahre!

Die vollständige Geschichte findet sich in:

Antonia Stahn: Die Reise vom gläsernen Baum zum blauen Planeten. Eine Weihnachtssaga

Dr. Ronald Henss Verlag, 2007
ISBN 978-3-939937-02-9

Leseprobe
Eva Markert: 1. Dezember: Das erste Türchen

Niemand würde den blonden Henning und seinen dunkelhaarigen Bruder Martin für Geschwister halten. Sie ähnelten sich überhaupt nicht, und auch sonst waren sie ganz verschieden. Martin aß für sein Leben gern Schokolade, um nur ein Beispiel zu nennen, und Henning nicht. Eins hatten sie jedoch gemeinsam: Sie liebten Adventskalender. Natürlich wünschte sich Martin immer einen mit Schokolade und Henning einen mit Bildern.

Deshalb hingen im Kinderzimmer auch dieses Jahr wieder zwei Kalender. Auf beiden war ein Weihnachtsbaum abgebildet, aber der eine war mit Glitzerzeug verziert und der andere nicht.

„Dein Kalender sieht toll aus", sagte Martin. „Schade, dass es keine Schokoladenkalender mit Glitzerzeug gibt."

„Selbst schuld. Wenn du nicht so verfressen wärst, hättest du auch so einen."

„Was kann ich dafür, dass ich gern Schokolade mag?" Martin sah aus, als würde er gleich wütend werden.

„Ach komm! Ich wollte dich doch bloß ein bisschen veräppeln! Heute dürfen wir das erste Türchen aufmachen. Ich freu mich schon!"

Die vollständige Geschichte findet sich in:

Eva Markert: Adventskalender zum Lesen und Vorlesen

Dr. Ronald Henss Verlag, 2005
ISBN 978-3-9809336-5-0

Dr. Ronald Henss Verlag

Weihnachtsgeschichten Band 2
2007 ISBN 978-3-939937-03-6

Patricia Koelle: Der Weihnachtswind
2007 ISBN 978-3-939937-01-0

Antonia Stahn: Die Reise vom gläsernen Baum ...
2007 ISBN 978-3-939937-02-9

Gottfried Johannes Müller: Einbruch ins verschlossene Kurdistan
2006 ISBN 978-3-939937-00-5

Weihnachtsgeschichten
2006 ISBN 978-3-9809336-9-8

Der Mann, der vergewaltigt wurde
2006 ISBN 978-3-9809336-8-1

Karin Reddemann: Gottes kalte Gabe
2006 ISBN 978-3-9809336-3-6

Antonia Stahn: Max und Mäxchen.
Kindergeschichten für große und kleine Leser
2006 ISBN 978-3-9809336-7-4

Plötzlich sah die Welt ganz anders aus. Schlüsselerlebnisse
2005 ISBN 978-3-9809336-6-7

Eva Markert: Adventskalender zum Lesen und Vorlesen
2005 ISBN: 978-3-9809336-5-0

Alle Jahre wieder. Kurzgeschichten zum Weihnachtsfest
2005 ISBN 978-3-9809336-4-3

Erzähl mir was von Afrika. Band 1
2005 ISBN 978-3-9809336-2-9

Heiligabend überall. Kurzgeschichten zum Weihnachtsfest
2004 ISBN 978-3-9809336-1-2

Abenteuer im Frisiersalon
2004 ISBN: 978-3-9809336-0-5